原來法律跟我想的不同

THE LAW IS NOT HOW I ENVISIONED IT!

李柏洋 律師、蔡欣育 著

給現代女性的第一本法律專書

專業律師教你如何處理離婚糾紛、預立遺囑、
交友詐騙、侮辱誹謗、職場性騷擾等關鍵日常問題

WOMEN, RIGHTS, AND THE LAW
A Handbook for Everyday Legal Issues

目次

第一章——法律基本觀念

第二章——《民法》

第三章——《刑法》

第四章——《勞動基準法》

第五章——家事法

第六章——《性騷擾防治法》、《性侵害防治犯罪法》、《跟蹤騷擾防制法》

自我測驗

本書開始前，我想邀請大家一起進行一個測驗。

相信大家時常聽到「恐龍法官」或「司法不公」等語對吧？或是認爲自己沒有做錯事，怎麼就被人嚷嚷要提告？又或是求職、租房子時，時常吃悶虧，卻求助無門，感到委屈？

現在，讓我們透過幾個問題，了解你目前的法律知識深淺爲何。

請你保持輕鬆的心情，直覺選出你認爲「正確」的答案。準備好了，我們就開始作答吧，並記錄每一題的答案。

測驗開始

1、租約還有四個月才到期，但房東說房子下個月要拿來給小孩自住，希望我提早搬遷，我可以拒絕房東嗎？（詳細法律解說參照本書80頁）

Ⓐ合約到期前，房東沒理由趕我走，否則他要賠我違約金。

Ⓑ房子是他的，趕快另外找租屋，免得自己沒地方住。

2、前男友拿我的提款卡亂花，平時出去玩也是我出錢，分手後可以向他要錢嗎？

（詳細法律解說參照本書139頁）

Ⓐ男女平等，付出的金錢也該均分。既然花我的錢，就該還我。

Ⓑ如果沒有任何借貸證明，想要討錢，不容易啊。

3、公司主管平常不是跟我講黃色笑話，就是會故意碰到我的身體，非常不舒服。我可以怎麼做？（詳細法律解說參照本書216頁）

Ⓐ 如果主管是慣犯，可以先蒐證，請公司性平單位做調解。

Ⓑ 發生這種事，要舉證提告很困難吧，說出口可能沒人願意相信我。

4、因爲工作的緣故，認識了一位對自己業務很有幫助的老闆。沒想到，他說要幫助我，卻是拐騙我到他家，違反我的意願與我進行性行爲。我該怎麼辦？（詳細法律解說參照本書130頁）

Ⓐ 事發前後若有相關對話記錄或其他證據，可以報警主張自己的權益。

Ⓑ 我若說出去也不會有人相信我是被害的。

5、父母年事已高，哥哥卻在這時提出要我放棄遺產繼承，他說嫁出去的女兒不能分財產，這樣對嗎？（詳細法律解說參照本書93頁）

Ⓐ 這個傳統似乎由來已久，既然如此，就選擇放棄。

B 女兒也是有遺產繼承權，就算父母遺囑寫著只給兒子，女兒仍然有一定的權利（特留分）。

6、前男友本來是用公開貼文向朋友說，我是瘋子、臭婊子，後來他又鎖權限給摯友，那這樣到底可不可以告他？（詳細法律解說參照本書155頁）

A 如果他是故意為之，且向不特定多數人訴說，可能會牽涉到「公然侮辱罪」。

B 他的貼文已經鎖權限，那就不算是公然侮辱。

7、因為懷孕，不得不向主管說未來會請幾個月的產假。沒想到主管卻將我減薪調職，說這樣之後才能讓我繼續待在公司。我該怎麼應對？（詳細法律解說參照本書179頁）

A 工作得來不易，接受主管的提議為佳。

B 減薪已經違反《勞基法》，應該勇敢向勞動部檢舉。

8、老公似乎外遇，且有半年以上未住在家裡，我可以訴請離婚嗎？（詳細法律解說參照本書196頁）

Ⓐ若先生有惡意遺棄他方，且持續中，視情況認為婚姻已有難以維持之重大事由，可以向法院請求離婚。

Ⓑ我沒有先生外遇的證據，應該無法告成且訴請離婚。

9、老公在房間和客廳分別裝了監視器，告知我是為了監看小孩狀況，這有侵犯隱私嗎？（詳細法律解說參照本書69頁）

Ⓐ如果拍攝對象是自家人，且有提前告知，原則上不會有侵害隱私權的問題；但如果拍到非家中的人，就有可能侵犯到對方的隱私權。

Ⓑ就算是家人也不能說拍就拍吧？我又不是犯人。

10、男友跟我說，需要跟我借一大筆錢，二個月後一定會還給我。借給他二個月之後，男友開始推託、避不見面，不願意還錢，怎麼辦？（詳細法律解說參照本書

64頁）

A 如果我能證明男友在一開始向我借錢時，就沒有還款意願，如此男友可能涉及詐欺行爲。

B 男友聲稱二個月後會還錢，期限到卻沒還我錢，這樣可以算是他以「詐術」來欺騙我的錢吧？

11、近期從老公的手機中看到有女性傳來的簡訊如：「明天你要不要載我去XX湯屋泡湯？」、「那個名牌包你眞的要送我嗎？」這算是侵害配偶權嗎？（詳細法律解說參照本書74頁）

A 就算有以上對話也不一定能證明對方有所謂的侵害配偶權，這不過就是正常交友範圍罷了。

B 上述簡訊已經傷害到我們的夫妻關係，並造成我身心受損。可以提「侵害配偶權」的告訴，並請求精神損失賠償。

12、爲了得到老公出軌證據，我拿老公的手機翻拍他的對話記錄，眞的找到他出軌的證據，這可以拿來當提告的證據嗎？（詳細法律解說參照本書74頁）

Ⓐ我本來就知道老公手機密碼，並非脅迫他給我手機，上述對話記錄有證據能力。

Ⓑ上述手機翻拍屬於違法取得的證據，無證據能力。

13、我借錢給朋友，並已請對方簽了本票，這樣就能請對方還錢吧？（詳細法律解說參照本書64頁）

Ⓐ本票爲有力的借貸證據，可以主張借貸關係成立，請對方還款。

Ⓑ對方賴皮說他根本沒收到錢，要錢無望了。

檢測結果

題號	答A計分	答B計分
1	2	0
2	0	2
3	2	0
4	2	0
5	0	2
6	2	0
7	0	2
8	2	0
9	2	0
10	2	0
11	2	0
12	2	0
13	0	2

請加總分數後，從表格對照總分可以得出你的法律知識深淺指數，分析如下：

總分	法律知識深淺指數	解析
0～4	★	一路走來，想必你一定受了不少委屈吧？一定要好好閱讀本書。
8～6	★★	有時自己的正義感會幫到自己，但不保證每一次都會靈驗。
12～10	★★★	隱忍或許能讓人際關係圓融，了解法律能幫助你更多。
12～22	★★★★	你懂得用法律仗義直言，也要小心有些法條標準跟你想的不同。
23～26	★★★★★	你是生活中的人間清醒，但也需慎防小人用法律與你抗衡。

推薦序・一本讓現代女性得到保護及保障，又能學會防身的好書

這是一本可以讓女性得到保護及保障，又能學會防身的好書。現今世代，這本書的問世，能讓更多女性懂得爲自己發聲。法律不是法官看誰可憐就誰說了算，而是要提供證據及符合法條，按照證據說話做判決。法律也不會因爲你不懂，觸法就可以沒事。因此日常生活裡就要學習法律常識，保障自身權益，相對地要了解清楚法律，才能免於讓自己陷入險境之中。**身爲現代新女性，懂法律可以提升智慧與廣角度的思維，才能眞正享有兩性平等與女性自主權。**

陳美菁

（作家／主持人／韻澄如國際有限公司總經理／TMJ陳美菁嗅覺形象管理顧問）

推薦序．具有實用價值並適合大眾閱讀的法律書

在一般人之認知中法律就是多如牛毛艱深難懂之條文，一旦進入爭訟則耗時費日勝負難以預見之官司；法官是冷眼問案斷是非、判生死之雲上人，律師則是各為其委託人，引用各種法條提出各種證據，在爭訟中舌燦蓮花博勝負之人，似乎與一般人日常有相當之距離，故多數人認為自己只要不違法犯紀即無須關心。

然事實上，國家訂立法律以維持國家安全、社會秩序及基本價值，故法律為人民生活、行動或交易之規範，並確立國家與人民、人民與人民之權利義務關係。故而不僅是消極不違反法律即能一生與法律無牽扯，更應能在日常生活與與人交易往來中依

法律適當維護自己合法之權益並預防紛爭之發生。基本法律知識應爲現代人該有之裝備。

現今雖號稱男女平權時代，女性在各行各業不同領域與男性同樣擔負重要之職務，貢獻心力於事業與家庭，然因傳統男尊女卑觀念之殘存，與天生上生理條件之差異，許多時候女性在繼承時、職場上被差別待遇，或暴力事件等淪爲弱勢被害人，**因此女性更有必要有相關法律常識傍身，以維護自己之權益，爭取公平、合理之對待。**

本書特別以女性立場出發，不似一般法律專書以大量法律條文，艱澀難懂之法律用語說明法律知識，而採用案例介紹方式，用生動活潑之文字及日常生活用語，深入淺出分析說明相關之法律概念及規定。且書中內容涵蓋民、刑法、勞動基準法、家事法、性騷擾防治法、著作權法等，並有實用之訴訟書狀、夫妻財產契約書之範本供參考。對女性（其實不限於女性）不僅提供許多生活中須知之法律概念，有助於了解法官審判採證之方法，亦可知如何維護自己之權利，是一本具有實用價值並閱讀法律書。

柏洋曾是我研究所之學生，自學生時代起即勤勤懇懇面對學業、師長及同學，在律師高考及格後執業至今仍本法律人初心，除專注律師本業外，更願費心力以專書方式提供實用之法律知識，讓更多人懂法、遵法而不畏法，實屬值得稱許。

范姜真媺

（東海大學法律學系教授）

二〇二三年七月吉日

作者序・原來法律真的跟我們想的不同

很高興有機會透過本書與各位讀者聊聊法律。大約一年前，總編郁文和我聊到想寫一本專門給女性讀者的法律書籍，並介紹我與長期關注女性議題的欣育共同撰寫。雖然執業多年來處理女性當事人法律事件不在少數，但平日處理案件忙碌，若有一位女性共同撰寫，並由女性的角度出發探討個案，這應該最能體現撰寫本書的初衷。也多虧了欣育的合作，讓本書得以順利問世。

本書主要是聊聊女性們在日常生活中會遇到的法律相關問題，內容是以輕鬆活潑白話、淺顯易懂的方式書寫，對於法律的說明不會過於艱澀，使各位讀者可以在閱讀時完全明白本書要表達的意思。另外也要特別說明，千萬不要認爲閱讀完本書後，即擁有足夠的法律知識可以處理所有的法律問題，因爲即使是一位專業律師，也不會自稱對「所有的」法律案件均有完全足夠的能力可以處理，一定會有自己較不擅長或是不熟悉的領域。我們依然期望的是讓讀者們能有一個認知：**在遇到法律問題時，或甚至處理任何生活事務上，都應該要有足夠的法律常識及基本處理能力。**

在我執業經驗中，討論案件時，有些當事人很快便能進入狀況，了解我們律師在說什麼，那些當事人在平日自己工作、生活上，較有足夠的常識及一定處理事務的能力。我舉個較爲誇張的例子來說，對於疾病問題，我們不可能擁有像醫師一般的醫學知識，但最起碼你應該要懂得什麼疾病、哪裡疼痛，應該看哪科醫師吧？而不是求神拜佛、吃香灰以求病情痊癒。法律問題也是如此。今天生活、工作上發生了法律相關的爭議，我們不能僅憑自己以爲的法律去處理，而是應該要有一個正確的處理觀念，例如先確認事發經過，自行查詢法律的相關規定，若自己無法查得，轉而請教專業的法律人士。絕對不應該在毫無查詢、確認事發過程、法律規定的前提下，以自己的一時情緒化直接向對方爲主張或提起訴訟，如此處理法律事務的態度、方式，都很有可能造成難以補救的結果。

執業過程中時常接受朋友、民衆的諮詢，許多次他們在諮詢我後並提出自己的意見，我只能婉轉回答法律並沒有如此規定，這就是爲什麼本書書名爲《原來法律跟我想的不同》。許多人會以自己認定的法律觀念，理直氣壯地主張、發表言論，但殊不知自己的想法完全錯誤，法律根本沒有如此規定。在這種情況下討論、爭執，事情只會越來越糟，實在不能眞正解決問題。

最後，對於本書的撰寫，雖稱不上廢寢忘食，但應該也可以說是認眞負責，希望能多多少少對於女性讀者在日常生活中有所幫助，當然也包含我最心愛的女兒。

李柏洋 律師

前言・法律之前真的人人平等？

求學時期我們知道「違反校規」會被記過與責罰，卻從沒想過我們自一出生就有法律的保障與規範。有時是我們受到委屈卻不知道可以尋求法律保障；也可能是我們糊裡糊塗觸法卻不知情。有人說「法律是給有錢人玩的」，正確來說，「法律是給懂它的人用來保護自己應有的權益」。法律不是用來玩或利用，也不是用來「完全」預防犯罪。就如同求學時期，明明知道蹺課會被記警告，有的人依然故我地蹺課、頂撞師長，難道那些同學不知道做這件事情是違反校規的嗎？

儘管有網友**稱現在臺灣的氛圍是「女權過高」**，加上前年（二〇二一）底通過

《跟蹤騷擾防制法》讓許多男性紛紛表示**「臺灣女生賺錢的機會來囉」、「這樣是要怎麼交女友？」**不過相關案件最後被起訴的內容卻常與「跟蹤騷擾」無關。且以近十年法務部的各類案件資料看來，男性受刑人的比例是遠遠高於女性（男性受刑人占百分之九十以上）。如果以內政部警政署的臺灣性犯罪統計來看，男性加害者也同樣遠遠高於女性。不過，近來家暴案例中，男性被害人也確有上升。特別提出上述報告，並非要增加兩性對立，而是要提醒讀者，雖然現在看似女性擁有許多話語權，**但事實是犯罪受害者以女性居多，尤其是「性犯罪」，除了受害者主要爲女性外，性侵案的舉證不易**，更容易造成許多被害者帶著一輩子的陰影，而加害者逍遙法外。

《中華民國憲法》第7條明確條列：「中華民國人民，無分男女、宗教、種族、階級、黨派，在法律上一律平等。」法律是理性的規定，犯罪是不理性的衝動。犯罪發生後，部分有錢有勢的人馬上請律師爲自己申辯；或者，稍懂法律的人知道要馬上湮滅證據。這就是爲什麼有被害人發現自己權益受到侵害時，到了法院審判卻被認爲**證據不足**，加害者不起訴處置。而不甘心的被害人或其家屬只能在法院外舉牌哭訴：「恐龍法官！司法不公！誰可以還我們一個公道？」無論颳風下雨，日日夜夜舉牌，叫人揪心不忍，卻也無可奈何。大家看見的畫面，是冷血的法官對照心碎的被害人，於是容易得出「法律只會保護壞人／有錢人」的結論。

因此這本書的誕生，除了著重於臺灣犯罪主要受害者——「**女性**」，也希望盡量以深入淺出的方式給讀者**基本的法律觀念與心態**，讓我們在日常生活中，不會因不小心觸法而受害，也不會因爲受了委屈卻沒有含冤昭雪的機會。法官、律師和醫師相同，面對案件與病人，都像面對陌生人，法官不會看了案件就清楚你的個性與成長背景，醫師不會只看一次診就知道你有什麼遺傳性疾病。我們能幫自己與親友的，只有讓自己更了解相關知識，減少犯罪和被害的委屈。

無法蛻去舊皮，卻責罵其他蛇隻無恥裸露的老蛇，又如何呢？
自己早早來到婚宴，酒足飯飽之後疲憊不堪，
離去時卻宣稱所有的婚宴一概違規，
所有的赴宴者全都犯了法，這人又如何呢？
對於這些人我還能說什麼？

只能說他們站在陽光下，卻背對著太陽。
他們只看得到自己的影子，而他們的影子就是他們的法律。
——摘自紀伯倫《先知》(The Prophet)〈法律〉(LAWS)(木馬文化)

這本書將盡可能列出大家生活中常遇到的法律問題，並給予對應的解惑與提醒，爲大家減少麻煩與省下諮詢費用（笑）。也願本書能照亮在黑暗中掙扎的受苦靈魂，特別是目前正遇到官司的讀者或其家屬。閱讀後若能爲你帶來幫助，與向前進的動力，就是這本書存在最大的意義。

蔡欣育

＊本書部分案例及相關情節，皆爲化名及經過編寫，並非特別指向任何人的隱私。

第一章——法律基本觀念

法律是用來復仇的工具？

「某某某我要告死你！」眞的會成功嗎？

在生活中偶爾會遇到一些我們自己認爲不公平、受委屈的事件，因爲人生不可能總是一帆風順、照著自己的意願進行。有時我們難免看老闆不爽，看欠你錢的人還在出國拍照打卡，一口氣嚥不下，於是決心要用「法律」來懲治對方。

首先，在刑事法律中，想要告人，提告的人（也就是告訴人）必須明確說明所謂的「犯罪事實」。舉例來說，必須要**提出相關的「人、事、時、地、物」**——你要告的對象是誰？是什麼事情讓你要告對方？犯罪者是誰？他做了什麼？案件是發生在何時？地點又是哪裡？有沒有相關的物證？物證有沒有整理好？你不能什麼都沒準備，只喊出「我要告死你」，就認爲能達到你要的目的。否則，本於刑事上的**「罪疑唯輕原則」以及「無罪推定原則」***，**最終的結果很有可能是在法律上無法認定所謂的「犯罪行爲」**。

因爲我們看過有當事人主觀上認爲法官、檢察官是包青天，必定能明察秋毫，在訴訟中證據部分提供一個記憶卡，覺得資料照片都在裡面，期待法官、檢察官就能將記憶卡內的證據仔細查看、整理，心想「我一定告得成啦」。但坦白說，這些物證的整理，原則上是需要當事人自己整理，因爲只有當事人最清楚物證在案件裡的時間脈絡，如果自己眞的無法整理，可以請律師來協助。其實律師工作有很大一部分是在做文書處理，例如寫書狀、證據整理等。假設法官一週要開十至二十次庭，等同於十至二十個案件，一個法官身上可能要背七、八十個案子，所以我們不可能去期待法官或檢察官成爲我們的律師，能幫我們處理這些事。不如，讓法官好做事，對我們的案件也相對有利。

若非得要走到打官司這一步，你要想清楚自己要的是什麼，例如：你想要對方還錢？你要對方受到懲罰？如果官司沒有成功，你可以接受嗎？如果都想清楚了，那就告吧！另外，針對刑事案件來說，除非自己已經被告過了很多次，有相當的經驗（這畢竟是少數吧）！否則，面對訴訟，雖然法規上沒有一定需要律師協助處理，但當案情嚴重、複雜時，我們還是認爲**一開始請律師協助處理、辯護是相當重要的**。剛開始到警局、調查局做筆錄時，每一個人主觀上對於自己的說法肯定都認爲是有利的，但製作筆錄的時間短則一、兩小時，長則七、八小時所在多有。試想，七、八小時的筆錄過程中，一般人難免會疲累、難免會出錯，說出對自己不利的事實也是很常見的，這部分很可能在法律上認爲是「自白」。而案重初供*，這份筆錄在檢察官、法官眼中是非常重要的，因爲第一，與犯罪時間接近，記憶較爲清晰；第二，言語較不會經過修飾，與事實較爲接近。如果你一開始就與律師討論過，那麼就能避掉許多對自己不利的說法，這對之後的偵查、審判影響甚巨。因爲通常一般人上警局做筆錄，都是沒有想太多，帶著情緒一股腦說了一堆話，但百密總有一疏，有時就是講錯的那一句話，上法院時，讓檢察官和法官有了對你不利的心證，很難採信你的說法；**又如果案件一開始時沒請律師協助處理，自己在程序過程中發生錯誤或搞砸後才委託律師救火，因錯誤已然發生，那麼扭轉、翻案的機率也不一定如你想像得高。這就是你在訴訟之前，委任律師協助的重要性。**

名詞釋義

無罪推定原則

無罪推定原則（presumption of innocence），意指一個人若未被證實及判決有罪確定前，在法院上應該先被假定爲無罪。刑事訴訟中無罪推定原則是所有被告都享有的法定權利，也是聯合國國際公約確認和保護的基本人權。

案重初供

最高法院八〇年臺上字第5109號刑事判決：按證人或當事人於案發時之供述較少權衡其利害得失或受他人干預，依經驗法則，較諸事後翻異其案發之初所爲之陳述爲可信，此即所謂「案重初供」。故除有可證明其後更異之詞與事實相符，或其初供係屬虛僞者外，自不得任意捨棄初供而不採。

法律真的是給有錢又懂法的人玩的嗎？

想要告人一定要請律師嗎？我沒錢怎麼辦？

在某些時刻，法律看起來確實是會被有錢和懂得如何使用法律制度的人利用。因爲訴訟和法律程序可能需要所費不貲的律師費用和訴訟費用，而那些負擔不起這些費用的人可能就無法爲自己的權益辯護或提出訴訟。此外，對於一般大衆來說，法律文件和程序可能不好理解，需要具備一定的法律知識才能應對，這應該是最多人會遇到的法律問題。因此常有人簽了不合理的合約或根本沒簽約卻不自知，等到問題發生了，很容易被對方反咬：「**合約是你自己簽的，沒有人逼你……**」、「**當初又沒簽約，我有答應你這個條件嗎……**」；或是遭受性暴力對待，卻被對方威脅：「**你敢講出去，連你都會出事**。」而讓許多受到不平等待遇的人噤若寒蟬，有苦說不出。

此外，越來越多的法律資源和資訊都可以在網路上免費查詢，如若經濟條件不佳（如中低收入戶）也可以申請法扶（法律扶助基金會）律師來協助你，只是別忘了要先預約或電話確認，才不會白跑一趟。

法律對於每個人來說都非常重要，但如何使用法律資源可能會因人而異。富裕和有基本法律知識的人可能更容易獲得法律支持。**本書卽是協助每一位讀者培養相關法律知識，遇到不平等的事情時，可以想想「眞的要提告嗎？需要找律師嗎？**或許這情況自己上相關單位官網檢舉／寫書狀就能解決了？」書末提供了常見的書狀範本，若需更多範本都能在司法院的官網取得。書裡提供書狀範本，一來是爲了給想提出訴訟的人參考，二來藉由書狀範本，可以更清楚得知，在你要告人之前，所需要了解、準備的相對應資訊。

沒有權力的正義毫無意義，沒有正義的權力只是暴力

在《憲法》保障下，每個人都有自己的權利。而法律則是我們遇到麻煩、困難所擁有的合法權利。情緒下逞口舌之快或是動手看似效果快速，卻不是眞正合法的解決之道。二〇二三年韓劇《造后者》的律師候選人有一句臺詞是：「**沒有權力的正義毫無意義，沒有正義的權力，只是暴力**。」在街上好勇鬥狠是沒有意義的，或在網路上胡亂攻擊他人，這些只是暴力，不是正義。「對方那麼有錢可以請律師，那我豈不是輸定了？」這也不一定，就算沒有委任律師，只要你有**足夠且有利案件**的證據，可以在法院上有理有據地答辯，無論你是原告還是被告，案件對你肯定是相當有利。正義是掌握在自己手上，而不是律師或法官手上，有沒有錢和權絕對不是眞正關鍵，關鍵還是在於案件中發生的「事實」。**你認爲的公平正義也有可能是別人不公邪惡，最後法官還是根據證據去判斷事實**。

如果有委任律師或法扶律師，最好的方式是**相信自己律師的專業**。若拿我們生病求醫來舉例，生小病或許可以買成藥自己吃，但如果是重大器官的手術，你敢自己動刀嗎？遇到生活的小麻煩，搜尋相關資訊或許可以解決，但若是重大案件，涉及金額龐大，無論自己是原告或被告，相信專業，並坦誠以告，才能確實幫助自己的案件。

人家是女生欸～女性在法律上有比較吃香嗎？

以實際案件量來看，男性犯罪者確實比女性高出許多；但被欺負、騷擾甚至是受到家暴的對象其實不限於女性。依據中華民國現行法律，法庭上不應有任何性別偏見或歧視，並且在審判程序中應保障當事人的平等權利。因此，就法律本身而言，女性在法庭上與男性享有同等權利，不會有任何優勢或劣勢。

但在案件實務操作中，可能存在法官、檢察官、律師等司法人員對女性的性別刻板印象或歧視（例如較難想像女性能扛重物去傷害一個人），進而影響一開始裁判結果。此外，也有部分案件（例如性騷擾）涉及到性別議題，就需要考慮到社會文化背景、性別角色與權力關係等因素，這些因素可能對女性當事人的權益產生影響，例如另一方是有權有勢的男性企業家。雖然如此，法律本身並不偏袒任何一方。法官在法庭上的職責是客觀、中立地審理案件，依照**法律、證據與事實**來進行裁決。

在現實中，法官、檢察官等人員的人性因素難以完全消除（法官跟大家一樣，都是人，有七情六慾），有時可能會受到某些主觀因素的影響，但這並不符合職業操守和法律精神。爲確保司法的公正與公平，法官應該遵循法律精神，以客觀、中立、公正的態度審理案件。

舉一個大衆較爲耳熟的案件——「八里媽媽嘴咖啡店命案」，就是相當經典的媒體先判及大衆對兩性刻板印象的案件。此案件被害人被發現後，大衆無不把矛頭指向咖啡店老闆，連證人都指證歷歷，當下沒有人會想到那位弱不禁風的女店員才是眞正殺人凶手，甚至可以一人犯案。從心理學角度來看，對於某些人來說，的確難以想像或接受女性犯下這樣的罪行，這可能是因爲長期以來，人們對於女性的社會期待、角色定位以及性別刻板印象等因素的影響。然而，司法人員必須擺脫這些刻板印象，從法律角度出發，對案件進行客觀、公正的審判，而不是基於主觀的偏見或情感因素。因此，八里媽媽嘴案件，也促進了「偵查不公開作業辦法」的修正。

現實中，女性在社會的許多層面上確實存在著弱勢，例如經濟上的落差、婚姻和家庭問題等，這些問題可能會對女性在參與司法程序時會帶來些許不公平。然而，依照中華民國的法律制度，法官應該以**客觀事實、法律和證據**爲基礎，這絕對是不變的事實。在實務操作中，司法工作中仍然需要保持高度的警覺性和敏感性，以確保司法程序的公正性，並避免任何可能的偏見和歧視，特別是對身爲弱勢群體的當事人。

在法庭痛哭，會影響法官判決嗎？

在實務案件中，有時律師的確會請當事人在法庭上表現得委屈一點，爲的是不要讓檢察官或法官感覺你得理不饒人，或是瞧不起、不尊重司法審判。而在法庭上落淚或是疾病發作，也可能會引起法官的注意，我們不乏在新聞案件中看見有些人在法庭上委屈痛哭或是突然精神疾病發作。實務上的確會有告訴人或是原告在法庭上突然精

偵查不公開作業辦法

第 8 條

案件在偵查中，有下列各款情形之一者，經審酌公共利益之維護或合法權益之保護，認有必要時，偵查機關或偵查輔助機關得適度公開或揭露偵查程序或偵查內容。但其他法律有不得公開或揭露資訊之特別規定者，從其規定：

一、對於國家安全、社會治安有重大影響、重大災難或其他社會矚目案件，有適度公開說明之必要。

二、越獄脫逃之人犯或通緝犯，經緝獲歸案。

三、影響社會大衆生命、身體、自由、財產之安全，有告知民衆注意防範之必要。

四、對於社會治安有重大影響之案件，依據查證，足認爲犯罪嫌疑人，而有告知民衆注意防範或有籲請民衆協助指認之必要。

五、對於社會治安有重大影響之案件，因被告或犯罪嫌疑人逃亡、藏匿或不詳，爲期早日查獲或防止再犯，籲請社會大衆協助提供偵查之線索及證物，或懸賞緝捕。

六、對於現時難以取得或調查之證據，爲被告、犯罪嫌疑人行使防禦權之必要，而請求社會大衆協助提供證據或資訊。

七、對於媒體查證、報導或網路社群傳述之內容與事實不符，影響被告、犯罪嫌疑人、被害人或其他訴訟關係人之名譽、隱私等重大權益或影響案件之偵查，認有澄清之必要。

前項第一款至第三款及第七款得適度公開或揭露之偵查程序及偵查內容，應經去識別化處理，且對於犯罪行爲不得做詳盡深刻之描述或加入個人評論。

神疾病發作，例如：恐慌、躁鬱等，但法院也會去調閱就醫紀錄，判斷是否有罹病還是故意演戲、是否有按時服藥等，所以在法院上痛哭或精神疾病發作不會成爲判決案件的唯一或主要因素。法官在審理案件時，仍會以事實、證據、法律規定和公正原則爲依據，而不是僅基於當事人的表現或情感因素做出判斷。再者，法院審理案件是以案件事實發生當下爲判斷，即使有精神疾病，除非能證明是案件事實發生當下

偵查不公開作業辦法

第 10 條

偵查機關及偵查輔助機關應指定新聞發言人。

依第八條、前條第二項、第三項得公開之事項，應經各該機關首長、新聞發言人或依個案受指定人員審酌考量後，統一由發言人或受指定人員發布。

偵查機關及偵查輔助機關除前項人員外，對偵查中之案件，不得公開、揭露或發布新聞。

偵查輔助機關對於已繫屬偵查機關之案件，偵查中有發布新聞之必要者，應事先徵詢偵查機關意見。

各機關應設置適當處所作爲媒體採訪地點，並應劃定採訪禁制區。

第 13 條

偵查機關及偵查輔助機關不得將偵查案件之媒體曝光度，做爲績效考評之依據。

有此情形，藉此主張行爲時有精神障礙或其他心智缺陷。否則即使開庭時精神疾病發作，仍不影響法院對行爲時辨識行爲能力之判斷。

當然，當事人的表現或情感因素也是有其重要性的。例如，當事人對於自己受到的傷害、冤屈或是不公義有所表達，可能對於法官了解案件事實、判斷刑責有所幫助。然而，法官在考量這些因素時，也會注意將其納入整個案件的情況中，並避免過度依賴單一因素做出判斷。

至於當事人的疾病發作，可能會影響到審判程序的進行。在這種情況下，法官應該考慮當事人的健康狀況，可能需要暫停庭審或是提供必要的醫療幫助。但是，這並不

刑法

第 19 條

第 1 項：行爲時因精神障礙或其他心智缺陷，致不能辨識其行爲違法或欠缺依其辨識而行爲之能力者，不罰。

第 2 項：行爲時因前項之原因，致其辨識行爲違法或依其辨識而行爲之能力，顯著減低者，得減輕其刑。

前二項規定，於因故意或過失自行招致者，不適用之。

意味著法官會因此對案件做出不公正的判決，而是要確保司法程序的公正性。

法官或檢察官本身是女性與否，通常也不會影響案件判決，因爲法官或檢察官的職責是基於法律、證據和公正原則，對案件進行公正的審理。法官或檢察官應該遵循法律規定，依據案件的事實和證據做出判決。然而，法官或檢察官的經驗和背景可能會影響其對案件的看法和判斷。例如，一位女性法官或檢察官對於女性權益和性別平等問題更加敏感和關注，自然會對涉及到這些問題的案件更加關注和重視。但是，這種關注和重視不應該影響法官或檢察官對案件的判斷，他們仍然需要以事實、證據、法律規定和公正原則爲依據，做出客觀、公正的判斷或檢控決定。總而言之，法官或檢察官的性別並不會成爲影響案件判決的因素，司法機關自然會確保其司法程序的公正性和中立性。

我沒有打贏官司，就是代表輸了嗎？司法到底能不能維持公道？

一群恐龍法官，竟然讓壞人不起訴，根本不公平？

首先，「**恐龍法官**」這名詞在臺灣很容易被濫用、亂用，許多民眾只接收到部分資訊，若被某些少數人操控，即認爲案件的法官胡亂審判，但自己對於案件事實眞的明瞭知悉嗎？有確實看過判決內容、理由嗎？如果都沒有，僅因判決結果不符自己的期待，便給法官冠上「**恐龍法官**」之名，其實是非常不妥當、不負責的做法。很多人會用一場官司的結果，也就是勝訴和敗訴來判斷法官、律師。認爲自己權益被侵害，勞心勞力控告對方，也委任了律師，最後的判決卻換來對方不起訴。這時心情可能是心灰意冷，失望地覺得檢察官或是法官根本不理解自己身心的損失，或是氣急敗壞怪律師無能，沒辦法幫自己爭取權利，或認爲臺灣一堆恐龍法官，連簡單又明確的案子都能不起訴壞人。

在此要說明，**官司勝敗絕對不是判斷事實和善惡對錯的標準**。敗訴不代表你是錯的，而對方是對的。如果自己在官司中輸了，可能只是因爲對方準備的**證據**比較充分，這種情況可能讓人感到委屈與不公平，但換位思考，你的父母都不一定很清楚你實際爲人和你平時在做些什麼，更何況與你素昧平生的法官和檢察官？自己都無法道清楚的感情，法官又如何能理解？自己的敗訴，並不代表司法制度本身不公平。事實上，法院是根據證據和現行法律來做出最後判決，也會依據法律程序來評估證據的有效性和可信度。如果一方沒有足夠的證據來支持他們的案件，法院就不可能做出判斷有利於他們的判決。

因此，如果遇到類似的情況，你可以從敗訴中學習並做得更完善，下一次（例如對於檢察官的處分聲請再議、對一審判決提出上訴）在準備證據方面更加謹慎和充分，或許還有翻轉並勝訴的機會。即使有時候敗訴可能會讓人感到失望、灰心，但是你可以將其視為一次機會，讓自己進步，更加理解司法程序。

法院的判決是依據證據和法律，有時候當事人可能會感到不公正，但這不代表司法沒有維持公道。此外，司法制度的公正性也受到司法人員的職業操守和倫理規範的約束。如果司法人員有違法、瀆職等行爲，也會有相關的處罰規定。當然，司法制度也不是完美的，有些制度、程序上不完善之處，會陸續透過修法解決。司法判決有時候難免會不盡周延、事實無法釐清，以致結果被人們認定是所謂「冤案」，有此情形，通常需要透過上訴等程序來救濟。但總體來說，臺灣的司法制度還是相對公正的，畢竟現今資訊發達，且司法機關許多制度、程序已公開透明，在此情形下司法判決能夠維持社會秩序和公共利益，應是可以期待的。

如果你並非當事人，而是案件當事人的的朋友，可以提醒他們，法律程序或許並不完美，雖然現在案件是敗訴，但他們可以從敗訴中學到很多，包括先前的失誤或疏漏，以及下一步應該如何處理（例如債務或是感情），以及不用過分執著於案件的勝敗，因爲無論輸或贏，官司本身就已經夠費神費力，繼續執著恐怕也會讓自己更不快樂。

律師一定只幫有錢人，我是小案子就對我的案子不積極？

當被害人在報案前沒有好好保留證據，或是事發後證據被銷毀，均可能會對案件之審理產生影響，若因此接到敗訴判決，並不能代表判決的法官是恐龍法官。在司法程序中，證據的完整性和可信度是非常重要的，如果某些證據被銷毀或遺失，的確會影響法官做出的判決。因爲法官在做出判決時需要依據**現有的證據**來做出公正的判決，無法依據已經銷毀或是找不到的證據。上庭前，律師肯定也會請你多多搜集對自己有利的相關證據。有人肯定會想：「事發時，根本不會想那麼多，那些證據早就不在了，這樣我豈不是很冤枉？」的確，我們不可能隨時隨地都考慮到保留當下的所有證據，但至少要有保護自己的一個認知。此外也要搬出一句老話：「害人之心不可有，防人之心不可無。」父母或親兄弟姊妹，都有可能因爲不懂法律或疏忽而做了一些會影響到你的事，他可能只是無心，但實際造成的結果卻可能害到你因此捲入官司。所以自己的私人物品、重要帳戶密碼、關係到金錢的對話一定要妥善保存好，一旦被親友拿去使用而遭詐騙，身爲物品所有人的你很有可能是脫不了關係的。

如果相關證據已無法取得，法官雖然也可能考量其他相關事實（例如雙方的社會地位、關係等）和法律來做出判斷，但充分的證據提出仍然是最重要的。我常跟諮詢者說：「**法官不是憑同情心做判決的；而是依證據來認定事實。**」這句話並不是說法官沒同情心，而是要表示，一位專業的法官不會因自己的情感而影響事理的判斷。千萬不要過度期待法官會對你的遭遇感到同情，因爲如果法官是如此，那爲何不能在個案中同情對方呢？因此，我們不能僅憑判決結果不利自己，就責怪法官是恐龍法官，有時也要全盤地思考，是否因爲己方的部分證據被銷毀、不足而造成如此結果。

筆者也曾經成爲告訴人並委任了律師，當時案件經檢察官判定爲不起訴處分，經過再議，最後高檢署仍駁回再議。但我心裡清楚（我相信許多案件當事人也是），證據不足或是沒有足夠「直接」的有力證據，無法用僅有的證據說服檢察官對方有罪。要說心裡不失落當然是假的，但在正式提告對方，準備委任律師時，律師也有向我說明：「案子成功機率看起來是一半，且賠償金額不高，你確定還是要委任律師嗎？就算案件成功，能得到的賠償也不高。」任何案件都有其**風險**存在，就像考試一樣，我們都希望能得到一百分，但過程可能因爲自己粗心、身體突然不適，讓成績不如預期。所以我做好「就算參與考試，也有可能不及格」的準備。最後結果出來，我依然感激律師的付出。這並不代表對方的行爲就是正確，而我的行爲就是錯誤。善惡對錯根據的是眼見事實，司法審判依據的是證據。司法審判的是被告是否**違法**，無關於個人善惡，就算對方曾經是個小偷，不代表他永遠就是小偷，或是對方依然是小偷，但你告的是「傷害罪」，那也不代表他會犯下「傷害罪」。如果能想通這點，對於敗訴或許就不會那麼執著。

在法院上能成為「證據」的物件是不是條件很嚴苛？

犯罪事實應由證據認定

在《刑事訴訟法》第十二章〈證據〉裡，第154條規定：「**被告未經審判證明有罪確定前，推定其爲無罪**。犯罪事實應依證據認定之，無證據不得認定犯罪事實。」而證據有無效力，則由法院來評判。根據《刑事訴訟法》的第155條：「**證據之證明力，由法院本於確信自由判斷。但不得違背經驗法則及論理法則。無證據能力、未經合法調查之證據，不得作爲判斷之依據**。」另外，《刑事訴訟法》第160條明文：「證人之個人意見或推測之詞，除以實際經驗爲基礎者外，不得作爲證據。」以上均爲證據裁判原則的相關規定。

若是一般刑事案件，大致程序通常是先由警察機關受理，就是一般民眾報案的程序，由警察進行初步偵辦。而警局派出所，通常爲距離刑事案件發生時間、地點、關係最接近之機關，通常當事人之記憶、表達也較爲清楚。所以，「警局詢問筆錄」非常重要，因爲它是檢察官「最早拿到的」刑案資料。在做筆錄的過程，通常警察會詢問你發生了什麼事情，同時也會問你：「那你有任何證據嗎？」證據可能是監視器畫面、錄音檔、對話紀錄、借據、交易紀錄、社群平臺留言截圖等等。最後，警察會將你提供的證據備份留存。在做筆錄的過程中，員警可能也會詢問：「還有其他證據嗎？」因爲你提供的證據越清楚明確，就越能協助檢方後續調查及訴訟程序的進行，最重要的，要能充分證明所謂的犯罪事實。

在證據提供上，也必須符合可信和合法的標準。如果你擅自竊聽他人非公開言論，或是請徵信社跟蹤、偷拍，雖然有了證據，但恐怕自己也會吃上官司。在證據種類中，有幾點可以參考：**一、直接證據和間接證據**：直接證據是單獨、直接證明一個事實或主張的證據，例如目睹凶殺案的證人；而間接證據是不能單獨、直接證明案件主要事實的證據，需透過推理證明某項事實，例如，吸食毒品的用具。**二、主要證據與補強證據**：（1）主要證據：本身足以證明犯罪事實之證據。（2）補強證據：增強主要證據證明力之證據。**三、人證、物證、書證及影音資料證據**：（1）人證：證人之證言；鑑定人之鑑定報告；被告、被害人、告訴人之陳述。（2）物證：以其外部特徵和物質屬性，以其存在、形狀等證明案件事實的物品。例如證物（傷人凶器）。（3）書證：以文字、圖片所記載或表示的內容、含義來證明案件事實的證據。例如文書證據（詐騙的對話與交易資料）、證據文書（筆錄）。（4）影音資料證據：利用錄音、錄影等技術所記錄的聲音、圖像以及電腦儲存的資料證明案件事實的證據，例如錄音檔、儲存於硬碟中的電腦資料。

證據是否有效力是由法院來評判

雙方當事人提供的證據是讓法院判斷誰講得有道理，或是一個人是不是有罪、該不該受刑事處罰的依據。「證據」原則上必須是能被客觀檢驗眞實或虛假的事物或言語，而不單純是個人主觀的意見或猜測。證據在法律上的判斷可以分爲兩個層次，第一是證據能力，是指事物或言語是否能當作證據（刑事程序的證據能力要求會比民事程序更高）；第二則是證據價值，是指該事物或言語對於事實的證明力道或程度有多大。當你不確定證據能力與價值時，可以詢問律師，交由專業人士來做判斷。

綜合以上證據種類，你可以盡可能提供詳盡且直接的資料給司法單位，根據本篇一開始所述，犯罪事實是由證據證明之，**而證據是否可作爲判斷事實的依據（證明能力）、證明的效果（證明力）如何，則是由法院來判斷**。法官會根據法律規定和相關證據的可信度來判斷其是否可以作爲證據，所以可能發生這樣的狀況：你自認「很有力」的證據，但法院卻認爲「證據不足」。證據不足不是單純代表你的證據不夠，而是你的證據「不足證明對方犯罪」、檢察官不認爲對方有犯罪嫌疑。在開庭前，如果你有委任律師，律師肯定會詢問當事人相關證據，並且協助當事人整理和事實爭點。可能你丟了二十張對話記錄給律師，最後，律師認爲能夠成爲有力證據的只有一張；或是你給了一堆資料，但都無法直接證明被告有犯罪嫌疑，可能導致這樣的結果：你告對方A罪名，但你手上擁有的證據頂多說明對方做法有瑕疵，但不到犯下A罪。

刑事訴訟法

第 155 條

第 1 項：證據之證明力，由法院本於確信自由判斷。但不得違背經驗法則及論理法則。
第 2 項：無證據能力、未經合法調查之證據，不得作爲判斷之依據。

第 156 條

第 1 項：被告之自白，非出於強暴、脅迫、利誘、詐欺、疲勞訊問、違法羈押或其他不正之方法，且與事實相符者，得爲證據。
第 2 項：被告或共犯之自白，不得作爲有罪判決之唯一證據，仍應調查其他必要之證據，以察其是否與事實相符。
第 3 項：被告陳述其自白係出於不正之方法者，應先於其他事證而爲調查。該自白如係經檢察官提出者，法院應命檢察官就自白之出於自由意志，指出證明之方法。
第 4 項：被告未經自白，又無證據，不得僅因其拒絕陳述或保持緘默，而推斷其罪行。

第二章——《民法》

支付命令・

借錢給別人一定討得回來嗎？

請對方還錢怎麼這麼難？

通常大家認爲借貸關係的成立一定要有「本票」和「借據」。的確，有借據就有明確的借貸關係證據，如果當初沒有簽本票或借據呢？但若借款人能提出證據，例如對話訊息截圖：「×××借我多少錢？」對方也回應「好」，並且談妥什麼時候還

款；另外一種證據是「借款交付」，匯款證明、現金收據或是拍照回傳：「我還你錢囉。」訊息中需明確指出，款項是爲了借貸而有「交付款項」的事實。

借貸契約一般認爲是「要物契約」，也就是說「借貸關係存在」和**「借款交付」**是借貸契約存在缺一不可的要素。簽借據證明借貸關係存在，但還要有確認的「金錢交付」，被借錢的人一定要提出「我的確把借款交付給對方」。例如對方向我借一百二十萬元，而我隔天也的確匯出一百二十萬元到對方的帳戶裡，這樣較能證明匯出的一百二十萬元就是借出的一百二十萬元。或是對方簽了收據表示「我某某的確於何時收到一百二十萬元」。借貸關係中只有借據或本票是不夠的，因爲，若有個萬一，對方收了款卻表示「我並沒有收到那筆錢」，假設你是在通訊軟體提到：「我會借你一萬元。」但對方並沒有回應：「好的，我收到了。」即**無法證明你的借款有交付給對方，如此一來，也無法證明借貸契約已有效成立**。

爲了保護自己，如果借錢是現金交付，最好請對方簽收據表示收到借款，當下亦可拍照、錄影。就算是匯款轉帳，也最好備註「此筆款項爲×××借款」。否則即使已讓對方簽了本票、借據，對方也可能主張說：「我隔天並沒有收到錢啊！」**如此一**

來，便無法證明借貸契約已有效成立。

要證明是借款，舉證責任通常在於債權人

萬一氣不過鬧上法院，正所謂「舉證之所在，敗訴之所在」，一般來說舉證責任在於債權人（把錢借出去的人），**「借貸關係存在」**和**「借款交付」都必須明確證明，意即**你必須自己指出對方確實向你借錢，並且對方有收到你給出的款項。因爲若只能證明**「借款交付」，無法證明「借貸關係存在」**，則向你借錢的人可能會主張那是「**贈與**」，而不是「借貸」。這時候，你肯定會覺得冤枉：「爲什麼我借錢給他人，還要處理這麼多麻煩事？」因主張被欠錢的人是你，在法律的舉證責任上，你就必須承受無法提出相關借貸證明的風險。所以，事前充分準備、與律師討論該怎麼準備相關證據及訴訟策略，可以省去開庭後反而有口難辯的狀況。

如果不想經過法院漫長的訴訟程序，也可以選擇「支付命令」之督促程序向對方請求還錢。不過，債權人依然要「釋明」**借貸之事實，雖然不需達到訴訟上證明的程**

度，但也是需讓法院產生大概有此事實之心證。

「支付命令」在聲請上較爲簡便，亦不需裁判費*，可僅用少許的費用向法院提出聲請，若沒有遭到法院駁回，且債權人確認收到支付命令後也沒有提出異議，那麼債權人就可以依據這份「支付命令」去聲請強制執行債務人（向你借錢、負有債務的人）的財產，如此也較爲省時。

刑事訴訟法

第 508 條

債權人之請求，以給付金錢或其他代替物或有價證券之一定數量爲標的者，得聲請法院依督促程序發支付命令。

* 編者註：裁判費：提起訴訟或聲請法律程序依法須繳納給法院的費用，原則上於提起訴訟或聲請時須預先繳納。

柏洋律師
溫暖提醒

談錢傷感情，但不好好談錢最後是傷自己的心情

大部分人會借錢的對象不外乎是親人、朋友、情人或配偶等。面對親友借錢，時常會認為：對方一定會還錢，我知道他住在哪，他跑不掉的。如果借錢時跟對方談說要簽借據，恐怕會傷了和氣。尤其男、女朋友借錢，如果向對方提到要簽借據或其他收款證明，對方可能會回：「我一定會還你啊，你這樣做，是不是不信任我、不夠愛我？」於是當下沒有留存任何借貸證據，事後要對方還錢，對方很有可能耍賴表示忘了，或是故意把金額說低，或說「你不是說不用還」。

因此，當對方提出借錢時，就以情緒勒索方式表明不想簽或留下任何借貸證明的，這就表示，**他很可能從頭到尾根本沒有想要還款**。如果對方能夠還款，留下借貸證明又有何不可呢？遇到這樣的親友，建議保持距離，否則到最後可能連一般朋友也當不成。

個人資料保護法・

同居人之間有隱私權嗎？家中裝監視攝影機是合法的嗎？

在家卻彷彿在監牢，好不自在

現代人有時爲了監看家中老人、小孩或是寵物會在家中設置監視器，雖說是基於擔心安全的理由，但身爲同居人，總覺得自己在家中的一言一行都被看光光，完全沒有隱私權，難道在家中裝監視器是合法的嗎？根據**《個人資料保護法》第51條**：「有下列情形之一者，不適用本法規定：一、自然人爲單純個人或家庭活動之目的，而蒐集、處理或利用個人資料。二、於公開場所或公開活動中所蒐集、處理或利用之未與其他個人資料結合之影音資料。」同居人已經告知你有裝監視器，那當然沒有問題，大家都知道家裡有裝監視攝影機，如果你裸體在客廳走來走去被拍到，那也是你自己知情被拍的狀況，沒有侵犯隱私的問題。但是如果有朋友來家中作客，卻未告知對方「家中有架設監視攝影機」，且監視攝影機難以察覺，則有違反《個人資料保護法》的疑慮，這點就要注意了。

但我們也不能就此斷定家人之間完全沒有隱私，人與人之間的隱私不會因有**《個人資料保護法》第51條之規定**而完全喪失。一個人有沒有侵害到他人隱私，我們還是要以**客觀環境、**

個人資料保護法

第1條

爲規範個人資料之蒐集、處理及利用，以避免人格權受侵害，並促進個人資料之合理利用，特制定本法。

人與人間之關係等來綜合判斷。例如，妹妹跟我睡同一間房間，換衣服時被我看到了，妹妹卻跟我說：「你這樣侵犯到我的隱私。」但是，我們都在同一個房間，不論是你或我要在這間房間換衣服，這樣有隱私的合理期待嗎？這怎麼能說一定是侵犯隱私呢？不過，如果你對換衣服的妹妹拍照、錄影就是另一種情況了。即使是共用同一房間，我們應該還是會認爲對方不會在我換衣服時對著自己拍照、錄影，如此拍照、錄影就有侵犯隱私的問題。特別需要注意的是，我們可能爲了查看寵物狀況，在家中裝監視攝影設備，家人知道且沒有反對，我們就會當作家人是「**同意**」此行爲。那同住家人在那個空間下做任何行爲被拍到，原則上也不能主張自己被侵害隱私。

我想登入我老公的 LINE 和 Instagram 看看應該沒關係吧

今年（二〇二三）一名網紅的緋聞對象指稱前女友會擅自登入他的 Apple ID，看他手機所有的動態，甚至平日動向。如果登入對方帳號這件事當事人**知情**沒有問題，但如果沒有告知當事人，是自己偷偷登入查看，則可能違反**《刑法》第358條的**

妨害電腦使用罪。現在社群媒體發達，一個人可能擁有某一種社群媒體的數個不同帳戶（分身），一開始軟體功能是爲了區分個人及商用，但後來被有心人運用成是一個只開放給摯友，另一個帳號則是拿來交友，把手機拿給伴侶看時就切到摯友帳號，殊不知其實他用另一帳號結交了許多異性。之前流行過一種定位app，有些人本意是要看家中長輩位置以確認安危，但後來卻變成情侶之間查看彼此位置的工具。有時候我們爲了要讓情人或是配偶安心，告知對方社群或手機的帳號密碼，卻招致其他無窮無盡的問題。因爲網路與社群媒體發達，人與人之間的距離看似很近，卻因此衍生許多前所未有的人際關係心理問題。情人交往重要的是「信任」，而「安全感」的疑慮要深思問題是在「自己」還是在於「他人」，如果是在

刑法

第358條

無故輸入他人帳號密碼、破解使用電腦之保護措施或利用電腦系統之漏洞，而入侵他人之電腦或其相關設備者，處三年以下有期徒刑、拘役或科或併科三十萬元以下罰金。

「自己」，試著找出原因，讓自己更有自信；如果是在「他人」，那麼這個人也不值得你深交。安全感問題絕對不是掌握對方所有帳號密碼就能擁有的，一不小心還可能觸法。

侵害配偶權・

通姦除罪化之後，難道我只能眼睜睜看老公偷吃嗎？

什麼樣的證據才能構成「侵害配偶權」？

在二〇二〇年司法院大法官會議做出釋字第791號解釋，宣示《刑法》第239條通姦罪違憲，立即失效。接著二〇二一年立法院會三讀修正通過，**刪除《刑**

法》第239條及《刑事訴訟法》第239條但書規定。如此一來，我國對於通姦行爲不再以刑罰處罰之，但這不代表通姦行爲就沒有法律上的責任，只是《刑法》規範上的價值選擇（大法官認爲，儘管通姦罪對於婚外性行爲有一般預防作用，但通姦罪對於維繫婚姻關係或婚姻制度，幫助有限），通姦罪的刪除並非代表婚姻制度崩壞，因爲還有**《民法》等其他法規**，通姦者仍可能要對不忠行爲付出代價。

大部分人在觸犯、侵害配偶權時不會想太多，抱著「先做再說，之後再把訊息等相關資訊刪除」之類的僥倖心態。不過，如果你對配偶有所懷疑，爲確認自己推論沒錯，要找到關於侵害配偶權的證據，通常不會太難。但假設你發現配偶收到的簡訊僅僅是「你可不可以載我去泡湯？」、「那個名牌包，你眞的要送我嗎？」單純從上述的簡訊來看，**不一定**能構成侵害配偶權，法官可能會認爲這只是一般交友行爲，可能是順路送朋友去湯屋，或是剛好有名牌折扣，買給好友當生日禮物。這樣的簡訊看起來較像是普通聊天，而非有**親密內容**，且要參考訊息前後的文字。那麼什麼樣的訊息才算親密呢？例如「我很喜歡和你一起洗澡」、「你上次在床上的表現很棒」這就是相當明確的親密內容。

至於今年（二〇二三）四月喧鬧一時的登山界曾女被有夫之婦指控侵害配偶權，而雙方各自在臉書上刊登事發經過的部分資訊及對話內容，曾女表示對話記錄都是稀鬆平常，只是尋求贊助的對話，其中一段令人玩味的是男方傳給曾女「昨晚沒防護，記得買藥吃喔」，曾女則回「要刪這個訊息喔」。第一次出庭時，法官同樣問到：「『昨晚沒防護，記得買藥吃喔』這句話是什麼意思？」男方則回應：「我請她去買胃潰瘍的藥。」法官接著問：「那爲何跟昨晚沒防護有關係？」男方又回應：「因爲當天她第一杯酒有喝香檳，後來我又倒一杯威士忌給她，她喝了覺得胃不舒服，所以她不舒服的當下我有跟她說隔天我會拿藥給她。」從上述答辯來看，法官會認爲兩人的確沒有曖昧的男女關係嗎？一、這個簡訊建立的前提是男方與曾女共處一室；二、或是少有性行爲經驗的法官，否則很難將「防護」和「胃藥」作爲正相關；三、既然男方稱隔天會拿藥給曾女，爲何又要曾女「記得買藥吃」？加上後續男方發出的聲明，都足以顯示兩人相處已**超越一般男女的交友分際**，侵害配偶權便能成立。而曾女事後說整起事件，是原配動用媒體關係讓她名譽受損，根本是一場「仙人跳」，但「仙人跳」的目的通常是爲了錢或其他利益，既然曾女認爲原配很有權勢，又何苦鬧這場仙人跳的戲，是要藉此騙曾女的錢或搶得原本曾女的代言嗎？

爲了蒐集對方出軌證據，偷看對方手機會被罰嗎？

如果爲了蒐集老公出軌的證據，拿老公的手機來翻拍對話記錄是否變成違法證據呢？過往也有類似例子——醫師妻子懷疑醫師外遇，便登入醫師的電子信箱，找到證據，卻遭醫師控訴妻子沒有取得他同意開啟信箱，侵犯他的隱私。最高法院還是會根據其違法取得的證據對眞實訴訟的**必要性和利用性**，及法官認爲其證據是否因「合理懷疑」而取得。而上述案件，最後法官認爲證據中電子信內容已踰越朋友應有的分際，這件離婚官司，醫師之妻爲了解丈夫是否對婚姻不忠，侵害丈夫隱私，偷看電子郵件，取得的內容仍有**證據能力**。至於拿他人手機翻拍對話記錄、登入他人電子信箱等行爲，則可能構成《**刑法**》315-1條的妨害秘密罪，將他人手機資訊洩漏給他人則屬於第318-1條的洩漏電腦或相關設備秘密罪，及前面提到的《**刑法**》**第358條的妨害電腦使用罪**。

相關判決參考

臺灣高等法院一〇一年度上易字第171號民事判決

法院採為裁判基礎之證據，應使當事人就該證據及其調查之結果為言詞辯論，使得盡其攻擊防禦之能事，而證據能力與證明力，則斟酌全辯論意旨及調查證據之結果，依論理及經驗法則，以自由心證判斷之。就違法取得之證據，應從裁判上之眞實發現與程序之公正、法秩序之統一性或違法搜集證據誘發防止之調整，綜合比較衡量該證據之重要性、必要性或審理之對象、搜集行為之態樣與被侵害利益等因素，決定其有無證據能力，並非一概否定其證據能力，必須所違背之法規在保護重大法益，其間有無違反比例原則，或該違背行為之態樣，違反誠信原則或公序良俗等，始否定其證據能力。次按違法取得之證據於民事訴訟程序中是否具有可利用性，學說上有所謂分離原則，即證據取得是否違反實體法，與該證據可否於訴訟程序中提出並被利用，應分別予以評價。對違反實體法所取得之證據應否禁止於訴訟程序中被利用，應探求被違反之法規範所欲保護之法益，及違法取證者於訴訟上利用該證據之程序利益，加以權衡後決定之。夫妻雙方應互負忠誠之義務，爲法律所保護之法益，除在民事上以侵權行爲損害賠償規範之外，此類案件，本涉及夫妻各自生活上之隱私，此項隱私權，在夫妻應互負忠誠義務下，應有所退讓，否則該忠誠義務不免淪爲口號，上開民刑事法律之規定，恐亦徒爲具文，又通姦、相姦行爲在其本質上具有高度隱密性，證據之取得本極其困難，因此，夫妻一方爲蒐集取得該等證據，未經同意侵入他方在電腦 MSN 通聯紀錄，以取得該紀錄內容等證據資料，在此類案件上具有相當之重要性與必要性，其取得之行爲又是以秘密爲之，而非以強暴或脅迫等方式爲之，審理對象亦僅限於夫妻雙方，兼或及於與之爲相姦行爲之第三人，就保護之法益與取得之手段間，尚不違反比例原則。從而，基於裁判上之眞實發現與程序之公正、法秩序之統一性或違法搜集證據誘發防止之調整，綜合比較衡量該證據之重要性、必要性或審理之對象、搜集行爲之態樣與被侵害利益等因素，應認非法取得之 MSN 對話紀錄，在此類案件上，具有證據能力，法院於踐行調查證據之程序及令兩造就調查證據之結果爲言詞辯論，即非不得採爲裁判基礎之證據。

租屋糾紛．

我臨時遇到問題，兩個月無法付房租，房東卻直接斷水斷電，合法嗎？

租屋這個行爲對房東和房客都存在風險，雖然少有房東和房客去事務所諮詢或提出訴訟，畢竟律師諮詢費和房租換算起來太不划算，訴訟也勞心勞力，但租屋爭議在臺灣社會卻時常發生，不可不愼。一般人剛踏入社會、職場時，收入有限，此時就要買房壓力過大，所以許多年輕人一開始會選擇租屋。不過，租屋會遇到的法律問題，一開始就是「租賃合約」的問題，其簽約模式通常有二，一種是和房東直接簽約，另一種則是和**房仲或包租代管業者**簽約。若是和後者簽約，那麼這類房東身分就屬於「企業經營者」，如果在租屋過程遇到房東沒有履行合約或是沒告知卻擅自進入租屋（例如帶人看房）等問題，就能向「**行政院消費者保護會（消保會）**」提起消費爭議申訴，只要到消保會官網線上申訴即可；或是到租屋所在縣市受理窗口申訴，也可以撥打１９５０全國消費者保護專線，轉接至各縣市政府消費者服務中心提供諮詢，消保會大約兩週就會通知對方改善。

若是與房東直接簽約，那就是單純依照租賃合約與《民法》的規範。常見的問題是：「如果房客遲遲繳不出房租怎麼辦？」若房客最後有在遲付**兩個月**的租金總額內，補交房租，原則上不至於影響承租期間；如果遲繳房租已經達兩個月的租額，那麼房東就能終止合約，表示房子沒有要再租給你。但有一點要注意的，就是我們一般在租屋時，通常會先繳交押租金（「押金」在法律上的正式名稱），而通常法院在認定「遲付**兩個月**的租金」情形時，會以「經扣抵擔保金後所積欠之租金額」為要件，也就是說必須要「抵扣押租金」後還達到遲付**兩個月**的租金，此時方能終止租約。

反過來，如果你是房客，剛好遇到資金問題，無法繳納房租怎麼辦？最好的辦法當然是好好跟房東說明，自己臨時出了狀況、一定會在何時繳納租金，畢竟找房、看房、搬家都不是輕鬆的事。如果遇到強硬的房東，說不繳房租就給你斷水斷電，則可能觸犯《刑法》第304條的強制罪，或是在租約期間爲逼迫房客繳費，故意帶人進屋看房，也會觸犯《刑法》第306條侵入住宅罪。但如果是房東自己眼光看差，遇到不繳房租、怎麼勸阻也不搬離的房客該怎麼辦？難道就任對方一直住，不然可能違反強制罪嗎？身爲看走眼的房東，千萬不要以太激進的手法逼迫房客，且房東一定要符合**租約終止**的狀況下，才能先以電話、訊息、存證信函、當面等

民法

第440條

第1項：承租人租金支付有遲延者，出租人得定相當期限，催告承租人支付租金，如承租人於其期限內不爲支付，出租人得終止契約。

第2項：租賃物爲房屋者，遲付租金之總額，非達二個月之租額，不得依前項之規定，終止契約。其租金約定於每期開始時支付者，並應於遲延給付逾二個月時，始得終止契約。

各種方式，並切記**留下證據**，向房客表示**終止租約並限期搬離**。確定房客已經搬離時，才可以換鎖、清空物品（但不能丟棄房客物品，還是要先放好通知房客領回）再收回房屋。

刑法

第 304 條第 1 項

以強暴、脅迫使人行無義務之事或妨害人行使權利者，處三年以下有期徒刑、拘役或九千元以下罰金。

第 306 條第 1 項

無故侵入他人住宅、建築物或附連圍繞之土地或船艦者，處一年以下有期徒刑、拘役或九千元以下罰金。

租屋糾紛・

租屋處洗臉盆裂開，房東卻只用強力膠黏，萬一臉盆破裂出事，責任歸誰？

大部分房東如遇到多組人選來看房，通常第一順位會給有正職的單身女性。第一，有能力準時繳交房租；第二，感受上女性比男性較會維持整潔。過往租房時，曾遇過三組人同時看房，一組是單身女性、一組是單親媽媽帶一個不到七歲的小孩、最後一組是一對情侶。最後，房東把出租機會給了單身女性。推測他的考量：單親媽媽在繳交房租和照顧小孩上可能應接不暇，而情侶可能有人口出入複雜的觀感。就像我們把自己心愛的東西借給他人，也會考量對方是否會愛惜，房東的風險評估無可厚非。

但年輕的單身女性面對房東（出租人），或是有房仲經手，對方亦可能看房客（承租人）年輕可欺，遇到房子（租賃物）出問題時，容易產生能省則省、把責任推給房客的心態。根據大家普遍簽約使用的公版租賃契約及《民法》規定，租房內出現修繕問題，是由房東來負擔，例如遇到冷氣壞掉、漏水、浴室排水管堵塞等問題時，必須立即通知房東，請房東處理，或是經告知房東，房東仍不為所動，則可以自行處理，修繕費用再從房租中扣除。

曾遇過租屋處浴室洗臉盆有裂開痕跡，且不只一條裂痕。因屋齡已久，也擔心洗臉盆在洗澡的熱脹冷縮影響下而爆裂，所以立刻拍照、錄影洗臉盆狀況並聯絡房東，但房東表現出的態度是不太想處理，於是傳了一些因洗臉盆爆裂而嚴重傷到人的新聞給房東，並告知房東，因已告知他有洗臉盆裂開狀況，若不立即修繕，將來若是裂開傷害到房客，且導致房客因此無法工作，房東當負全責。房東這才不甘願地來看洗臉盆狀況，但洗臉盆為舊型，不能只換洗臉盆，必須連底下的立柱也一同更換，整組一換需要上千元，房東當下又不太想花錢換，於是先用強力瓷器黏合膠塗在裂痕處，表示先這樣黏合狀態下使用洗臉盆，之後他再看看。雖然暫時的黏合可以解決燃眉之急，但在正常使用下，原本的裂痕繼續延伸裂開，於是再次通知房東，並告知自己的恐懼。房東最後才丈量洗臉檯長寬高，並購買新洗臉檯組替代舊的。房東不見得都壞，但不想多花錢肯定

民法

第 432 條第 1 項

承租人應以善良管理人之注意，保管租賃物，租賃物有生產力者，並應保持其生產力。

第 429 條

租賃物之修繕，除契約另有訂定或另有習慣外，由出租人負擔。

第 430 條

租賃關係存續中，租賃物如有修繕之必要，應由出租人負擔者，承租人得定相當期限，催告出租人修繕，如出租人於其期限內不爲修繕者，承租人得終止契約或自行修繕而請求出租人償還其費用或於租金中扣除之。

是眞，畢竟租屋是生財工具。因此遇到修繕問題，尤其是關乎人身安全的，一定要**立即**告知房東，因爲無法肯定物品是房客人爲造成，還是自然使用狀況下而損壞，例如因爲馬桶漏水導致該期水費高達兩千元，房客就要證明是因爲房東沒有**及時**修繕馬桶，導致漏水，才會有溢出的水費。這樣高出常理的水費就應由房東來負責。實際居住在房子裡的是房客，而非房東，所以房東不可能完全掌握屋內設備的狀況，因此出現任何狀況要即時告知房東。

如果怎麼催促，房東依然不管不顧，你可以選擇自行修繕，費用再從房租扣除，或是終止合約，另覓租屋處。承租人也必須維持好屋況，而非故意毀損後自行修理，再和房東要求修繕費用。

法定結婚．

我已滿十七歲，和男友發生關係，他說等我十八歲就能娶我。但父母卻非得要男友付一大筆錢，不然他們就要告我男友……

談戀愛，憑什麼要每個人同意？

現在**《民法》第973條規定未滿十七歲**的男女，不得訂定婚約；另**《民法》**

第980條規定滿十八歲才得結婚。和未成年（未滿十八歲）少女或少男同居也有可能觸犯《刑法》第240條和誘未成年人脫離家庭或其他有監督權之人者，處三年以下有期徒刑。如果你交往的對象是未滿十四歲的少女／男，那就要特別注意了，根據**《刑法》第227條第1項規定，**若與**未滿十四歲**之男女爲性交者，處三年以上十年以下有期徒刑。另**《刑法》第227條第3項**則是，對於十四歲以上未滿十六歲之男女爲性交者，處七年以下有期徒刑。

情竇初開的青春期少男、少女，可能情不自禁一時天雷勾動地火，雖然當事人不覺得是大事，談戀愛是每個人的自由，但當被父母得知，自己又沒有妥善處理、說明，最終可能會變成嚴重的刑事案件。年輕讀者談戀愛之餘，務必拿捏好分寸，這些話聽起來雖像是長輩的無聊嘮叨，但**人可以控制自己**

民法

第973條

未滿十七歲的男女，不得訂定婚約，滿十八歲才得結婚。

第980條

女未滿十八歲者，不得結婚。

想法，卻不見得能動搖親人的執念。一九九五年轟動一時的虎林街滅門一案，即是因為未成年少女和老師戀愛而起。

只是談戀愛，卻成滅門慘案

兩小無猜談戀愛，情投意合確實沒有問題。唯要注意的是，對方年滿十四歲了嗎？對方父母允准嗎？也有人會想：「我談戀愛憑什麼要對方父母或自己父母同意？」這句話沒有錯，如前方提到，我們無法控制親人和他人的想法。至今或許仍有人會想起的那樁駭人滅門案件，便是這種情況。案件發生在一九九五年十二月的臺北市的虎林街，警方趕至命案現場時，只見三人血肉模糊、已無生命跡象。案件凶手是住在虎林街、于姓少女的男友，原來少女就讀國一時（當時十四歲），和相差十六歲的老師展開了師生戀，兩人十分相愛。不料這段戀情卻在兩年後被少女的養父母得知，不甘女兒（當年十六歲）就這麼被占便宜，於是約了少女的男友杜姓老師，才開始談判沒多久，少女養父母便對杜姓老師說：「你一定要娶我女兒，但娶我女兒要聘金。」便對杜姓老師索討一千兩百萬元的封口費，且扣住教師證。但杜姓老師實在無力負擔，二次談判時，于姓少女的養父母就以他的教師證威脅，不給錢就要去他就職的學校告發他，讓他無法繼續當老師。杜姓老師因爲女友養父母不斷向他開口要錢，懷疑女友移情別戀。在那個年代，社群媒體沒那麼發達，也不可能隨時傳LINE或訊息，於是杜姓老師加重女友可能移情別戀的念頭，才會和養父母站在同一陣線，完全沒有幫他說話。這個懷疑的種子加上被威脅無法當老師的怨懟，在一九九五年十二月和于姓女友偷偷相約。于姓少女本以爲是要和老師私奔，沒想到卻引來失去理智的杜姓老師。杜姓老師一進門先向于姓少女的養父行凶，看見女友向前阻止，卻沒停下雙手，反而是下手更重。殺紅眼的杜姓老師也不急著離開，等到于姓少女的養母回家，再痛下殺手。

此案發生後，立法院於一九九九年修法，在**《刑法》第227-1條增設十八歲以下之人與未滿十六歲之人爲性行爲，減輕或免除其刑之規定（俗稱「兩小無猜條款」）**，其立法理由著重於「年齡相若」之年輕男女，因「相戀自願發生性行爲」之情形，刑罰過苛，故一律減輕或免除其刑。故《刑法》中和未成年少女交往或是吊銷教師職照的刑期或罰則都沒有殺人案重。但法律規範再嚴謹，也無法控制人心，無論是男性或女性在與他人相處來往時，若感覺到對方（或親人）有點不對勁，就要提高警覺。

刑法

第 973 條

對於未滿十四歲之男女爲性交者，處三年以上十年以下有期徒刑。
對於未滿十四歲之男女爲猥褻之行爲者，處六月以上五年以下有期徒刑。
對於十四歲以上未滿十六歲之男女爲性交者，處七年以下有期徒刑。
對於十四歲以上未滿十六歲之男女爲猥褻之行爲者，處三年以下有期徒刑。
第 1 項、第 3 項之未遂犯罰之。

第 227-1 條

十八歲以下之人犯前條之罪者，減輕或免除其刑。（俗稱「兩小無猜條款」）

遺產繼承．

父親生前已經說好要把房子留給我，哥哥卻說女生嫁出去就不能分財產，這是合法的嗎？我竟然一塊錢都拿不到！

在傳統社會中，確實有些家庭存在著「嫁出去的女兒就是潑出去的水」這種想法，認定應算是外人，不應該繼承遺產。但依照現在《民法》第1138條第1款所規定，只要是直系血親卑親屬（子女、孫子女），**不分男女**，都有權利繼承父母的遺產。在此項法條中，遺產繼承人除了配偶之外，尚有繼承人依序是：一、直系血親卑親屬；二、父母；三、兄弟姊妹；四、祖父母。意思即是人百年後，若配偶和子女都在，就是配偶和子女均分；假設沒有子女，只有配偶和父母，就是配偶領了二分之一後，剩下給父母平均分配。另外的狀況是配偶先領二分之一，再讓兄弟姊妹平分。但人在得知遺產範圍、數額時，常有「只有這樣？」、「以前爸媽不是這樣說的啊！」、「憑什麼某某拿的比我多？」等種種疑慮，輕則彼此感情破裂，重則鬧上法院或是憤而殺害對方。相關事件，我們不乏在新聞事件中見到。近幾年最讓臺灣人印象深刻的遺產爭奪糾紛，應該就是「美福集團」的兄弟鬩牆、手刃手足事件。分明生前留下的遺囑已經白紙黑字寫清楚，爲什麼還可以讓子女、配偶有爭搶的空間？

民法

第 1138 條

遺產繼承人，除配偶外，依左列順序定之：

一、直系血親卑親屬。

二、父母。

三、兄弟姊妹。

四、祖父母。

請律師寫好的「代筆遺囑」，爲什麼還會有問題？

在《民法》第1189條中對於立遺囑的方式主要分爲：「**一、自書遺囑。二、公證遺囑。三、密封遺囑。四、代筆遺囑。五、口授遺囑。**」而美福集團黃榮圖先生的遺囑是爲「代筆遺囑」，雖是律師所爲之代筆遺囑，但「代筆遺囑」條件必須要符合《民法》第1194條：「由遺囑人指定三人以上之見證人，由遺囑人口述遺囑意旨，使見證人中之一人筆記、宣讀、講解，經遺囑人認可後，記明年、月、日及代筆人之姓名，由見證人全體及遺囑人同行簽名，遺囑人不能簽名者，應按指印代之。」既然條件如此清楚，爲什麼還能鬧上法院？這其中常發生的爭議就在於「遺囑人口述」的部分。如果，那份遺囑並無**經過「遺囑人口述」**，則與《民法》第1194條之要件不符，那份遺囑就會是無效的遺囑。

曾遇過當事人「代筆遺囑」案件，立代筆遺囑的當下，甚至全程錄影以表確實是遺囑人的意思，最後法院仍然判定遺囑無效。原因是遺囑人當時在醫院插管的狀態，雖意識清楚能點頭或搖頭示意，但卻不是「**口述**」，這就不符合「**遺囑人口述遺囑意**

旨」的要件，見證人還可能因此吃上「僞造文書」的官司。遺囑之要件可以說是非常嚴格，因此常有「雖然遺囑人立好遺囑，但繼承人仍然可以爭個沒完沒了，甚至反目成仇」這樣的例子。所以，如何預立遺囑以避免將來紛爭，實在是不可輕視之議題。

我自己賺的錢，想留給誰就給誰不行嗎？不能給朋友嗎？

每個人都是有自己想法的，會想把自己的資產留給自己珍視或是不離不棄照顧自己的人，此乃人之常情。如果生前已有很明確的想法與規劃，可以考慮提早訂立遺囑，依據《民法》規定五種遺囑方式爲之，且不違反關於特留分*規定之範圍內即可。另外，你也可以選擇生前「**贈與**」的方式，但**許多人可能**因爲手續複雜及無法付

* 編者註：特留分是指在繼承法中是指最低限度的法定應繼分，是爲了避免重男輕女及對繼承人喜好之別而設。

出高額的贈與稅而打消念頭。如果是某位特定子女，你也可考慮「**分批贈與**」，分批把財產贈與子女，每次贈與的金額皆低於贈與免稅額，避免超過免稅額而產生贈與稅；或是成立信託，以立遺囑的方式**設立信託帳戶**，指定可以信任的人爲受託人，把所有的財產都移轉給受託人，受益人則要是《民法》的遺產繼承人。如果，你完全不想把遺產給繼承人，亦可考慮**慈善機構信託**，來指定「慈善受益人」，由於沒有任何具體的受益人，所以你可以指定慈善機構或公益團體等作爲慈善受益人。當然，你也可以設定多個慈善受益人，以確保你的慈善信託能夠充分發揮效用。

民法

第 1187 條

遺囑人於不違反關於特留分規定之範圍內，得以遺囑自由處分遺產。

第 1189 條

遺囑應依左列方式之一爲之：一、自書遺囑。二、公證遺囑。三、密封遺囑。四、代筆遺囑。五、口授遺囑。

柏洋律師
溫暖提醒

好好處理自己及家人的生前事務，避免人生最後錯誤

其實許多為了遺產而手足鬩牆的新聞消息，在他們父母過世前，或許就能見端倪，只是父母過世，讓彼此的不和突顯出來。而大家為了遺產爭論不休的原因，不外乎是：一、覺得財產分配不公平；二、每一個人對於法律遺產分配觀念不一；三、親人突然發生意外或生病來不及交代後事就離世，讓遺產分配更為複雜。

為了避免因財產問題而產生的家庭矛盾，建議家庭成員之間要提早進行充分地溝通和協商，並確立財產管理和分配的明確標準和規則。如果遇到分配財產不公等問題，可以考慮透過家庭會議、設立信託、分批贈與等方式來解決。同時，也建議長輩要將財產管理和分配等事宜提前安排好，減少長輩過世後產生的爭議和矛盾。

法定遺囑形式

<table>
<tr><th>種類</th><th colspan="2">遺囑重點</th><th>簽名</th><th>見證人</th><th>說明及建議</th></tr>
<tr><td>自書遺囑
（第 1190 條）</td><td colspan="2">遺囑全文親自書寫。</td><td>本人親自簽名，記明年、月、日。</td><td>非必要。</td><td>雖然製作較方便，缺點是遺囑的眞僞很容易成爭執，故建議再經公證人認證更能確保其證明效力。</td></tr>
<tr><td>公證遺囑
（第 1191 條）</td><td colspan="2">在公證人前口述遺囑意旨，由公證人筆記、宣讀、講解，經遺囑人認可後，記明年、月、日。</td><td>本人簽名或蓋指印。
見證人、公證人全體皆要簽名。</td><td>必要。
需指定兩位以上見證人。</td><td>較可確保遺囑之眞實性，避免事後爭執，但缺點在於較爲麻煩。</td></tr>
<tr><td>密封遺囑
（第 1192 條）</td><td colspan="2">具有隱密性，且經公證的方式以確保其眞實性，但製作程序上則較爲繁瑣。</td><td>本人於遺囑及密封處簽名。
見證人和公證人全體於遺囑封面簽名，由公證人於封面記明年、月、日及遺囑人陳述。</td><td>必要。
需指定兩位以上見證人。</td><td>具隱密性，又可經公證的方式避免僞、變造，但程序上則較爲繁瑣。</td></tr>
<tr><td>代筆遺囑
（第 1194 條）</td><td colspan="2">遺囑人口述遺囑意旨，不需本人親自書寫，而是由見證人之一代筆、宣讀、講解，經遺囑人認可。通常使用於遺囑人不便書寫或是不識字之情形。</td><td>遺囑最後需要本人簽名或蓋指印。
見證人全體簽名。</td><td>必要。
需指定三位以上見證人。</td><td>通常委任律師協助製作者，即爲代筆遺囑。</td></tr>
<tr><td rowspan="2">口授遺囑
（第 1195 條）</td><td rowspan="2">遺囑人因生命危急或其他特殊情形，不能依其他方式爲遺囑。</td><td>由見證人之一將遺囑意旨作成筆記。</td><td>見證人全體簽名。</td><td rowspan="2">必要。
遺囑人指定二人以上之見證人。</td><td rowspan="2">口授遺囑方式較爲簡易，但不免減損眞實性，故有二規定補救缺點：
1、口授遺囑自遺囑人能依其他方式爲遺囑之時起，經過三個月而失其效力。
2、口授遺囑應由見證人中之一人或利害關係人，於爲遺囑人死亡後三個月內，提經親屬會議認定其眞僞，如有異議得聲請法院判定之。</td></tr>
<tr><td>遺囑人和全部見證人口述錄音。</td><td>錄音檔案密封，並記明年、月、日，見證人需於封縫處簽名。</td></tr>
</table>

夫妻財產制・為對方做牛做馬，先生死後卻得不到對方四分之一的財產，還要吃上官司？

柏洋律師執業過程中，曾遇過一件當事人因先生過世，不但沒分到財產反而還吃上官司的案例。根據《民法》1030-1條，**夫妻法定財產制關係消滅時（例如夫妻一方死亡之情形）**，遺產則以夫妻的「婚後財產」，扣除婚姻關係存續所負債務後，如有剩餘，其雙方剩餘財產之差額，應**平均分配**。而這財產分配既是以「**婚**

後所得」來計算，所以結婚前之財產並非分配之範圍。但她先生過世的前三年才與她結婚，對方年紀大早已退休，所以也沒有多少婚後收入。若照《民法》的財產計算，搞不好，她還要付出比較多。針對這點，與「離過婚、有小孩」的配偶結婚的女性要特別注意。這位當事人的先生過世不久，她聽朋友說：「你一定要處理先生的喪葬事宜，喪葬費也要付，不然其他人會覺得你是外人，沒有繼承權。」喪事辦完後，殯葬業者理所當然向她索討喪葬費，於是她擔心地來問我：「李律師，我喪葬費付不出來，怎麼辦？而且是你跟我說不能去領他的錢，現在怎麼辦？」我只能仔細向她說明：「第一、如果家中還有一些生活備用的現金，你拿去付喪葬費，應該是沒有問題的；第二、如果是去銀行領錢就不同了，因爲銀行一旦知悉本人已死亡，通常是需要全體繼承人一同領取，若私自帶著已故先生的存摺、印章領取，簽名也簽先生的名字，銀行認定的是本人領錢，你可能就會有『**僞造文書**』和『**詐欺**』的問題，就算是提款機領錢也可能會有問題。」通常會去領錢的人，都會聲稱「我有經過當事人同意，我可以領錢」。但在這案例中，當事人先生已經身故，所以先生的存款已成爲繼承人所有。所以當事人如果要領出先生銀行存款，依法就要經過所有繼承人（如先生的小孩）的同意。

那爲什麼除了僞造文書外還有詐欺罪的問題呢？因爲在銀行簽署已故先生的名字時，即是向銀行人員透露一個訊息：「我就是〇〇〇本人，現在要領取款項。」如此就被認定爲施詐術的行爲。雖然實際的狀況可能是，當事人明顯爲女性，簽署的名字很明顯是男性而非女性，且也告知那是她先生的帳戶，但進入訴訟程序中，被傳來當證人的銀行行員爲了保護自己，也可能避重就輕只說：「我不是很清楚。」如此在法官看來，當事人有可能就是騙了銀行行員。所以面對「繼承」、「遺產」這種事，千萬要詢問專業人士，**理性地**去處理，而非讓感性（情緒）牽著走，別人叫你去爭就去爭，最

民法

第 1030-1 條第 1 項

法定財產制關係消滅時，夫或妻現存之婚後財產，扣除婚姻關係存續所負債務後，如有剩餘，其雙方剩餘財產之差額，應平均分配。但下列財產不在此限：

一、因繼承或其他無償取得之財產。

二、慰撫金。

後可能佔了小便宜卻吃了大虧，那就得不償失了。

生前講的，都不算數？怎麼能這樣，我又不知道長輩什麼時候會死

現在依然有老人家會覺得和親人提及遺囑，有種不吉利的感覺。但往往是這種怕觸霉頭、怕又讓誰不愉快的心態，導致自己身後親人間反而為了遺產爭論不休。實際上為了避免爭論，我們對待長輩可以選擇：一、**先尊重長輩感受**，不用逼迫長輩做決定，畢竟，我國《民法》已就繼承事項有一套相對健全、公平的規範；二、可以用成立信託或分批贈與的方式，減少長輩的不安情緒；三、**建立共識**，家庭成員若多，每個人的想法肯定都不同，有的人想拿多一點，有的人根本不在乎錢，在家庭會議溝通過程，亦可讓長輩多表示意見；四、**尋求專業法律顧問**。若每一個人觀念不一，又爭執不下，長輩也不敢提出建議，覺得都是自己的小孩，不方便多說什麼，這時的確就能尋求專業律師協助處理，讓律師提供專業合理的建議與解決方案，確保遺產的公正與公平性。

柏洋律師
溫暖提醒

如果有指定繼承對象，最好趁早寫好遺囑

等遺產的人可能比想立遺囑的人還有法律觀念。如果你自己和身邊的人，都很在乎遺產的分配，在年滿十六歲後就能考慮立訂遺囑。當然，我們的想法總是因年紀增長或經驗累積而改變。當我們個人、家庭、財產狀況發生變化，例如結婚、離婚、生孩子等，建議即時更新遺囑，確保它與你的意願和現實情況相符。不過，立遺囑是一件相當重要的事，需要仔細考慮和專業法律指導。在立遺囑前，還是建議先諮詢專業律師的意見，以確保你的遺產分配計畫符合法律和個人意願。

婚前協議書

婚前協議書該怎麼簽？

「婚前協議」我要怎麼訂都可以吧？如果對方不簽我就不結婚

現代人如果有點資產或是社會地位，爲了保障自己權益，或者父母要求，結婚前會考慮和對方簽署「婚前協議書」。但婚前協議書是自己想怎麼約定都可以嗎？依據《民法》第72條規定，基本上婚前協議書中的約定原則**「不能違反公共秩序、善良風**

俗」。如果協議書內容是「彼此將來放棄主張配偶權」，意思就是如果對方在外亂搞，你也不能提起任何的民事求償。那這樣的協議有效力嗎？原則上是可能有效成立的，其一原因爲《民法》第１０５２條第1項第1款、第2款規定夫妻之一方有重婚或與配偶以外之人合意性交之情形，他方得向法院請求離婚。而第１０５３條接著規定前述情事，有請求權之一方，於事前同意或事後宥恕，不得請求離婚。依此推論解釋，若雙方確實是可以成立「彼此將來放棄主張配偶權」之協議。再者，目前實務上有部分法官認爲「配偶權」非《憲法》上權利也非法律上權利，故這份你認爲很荒謬的協議，的確是可能有效成立的。但如果協議內容是「妻子除了『服侍』丈夫外，連同也要服侍丈夫的哥哥。」這樣的協議內容就很有可能違反善良風俗，此協議條款就很可能不會有效成立。

另外，婚前協議上最常出現的就是平時生活財務分攤與財產分配，如果是看似過度嚴苛的財務分配呢？例如，協議書中丈夫要負擔家庭所有生活開銷、支出，並且每個月還要給妻子一萬元生活費。假設上述家庭只有先生在上班賺錢，妻子沒有工作，僅爲家管，雙方也是在自由意志下同意協議書內容才會簽署，那這份協議書原則上就有效成立。婚前協議書原則上就是看雙方如何制定，不一定需要請律師撰寫，也不需要至法院公證，但有時爲了確保有效證明存在，多數人還是會經公證程序。

與婚前協議息息相關的，就是夫妻財產制契約的登記。我國《民法》雖然就夫妻財產制已有「法定財產制」的規定，在某些家庭會考量其他因素，例如有鉅額財產的家庭必須審愼規劃，還是會約定其他的夫妻財產制，常見的就是「分別財產制」，也就是夫妻各保有其財產之所有權，各自管理、使用、收益及處分。在這種情形，夫妻財產制不是夫妻雙方自己私下約定就可以的，必須提出夫妻財產制契約登記聲請書，檢附夫妻財產制契約書、財產清冊、戶籍謄本等資料，向法院聲請登記。

「婚前協議書」有範本或是公版可以下載嗎？

有些人可能會想，若是和對方簽「婚前協議書」會有點傷感情，但有些事情沒有事先談好，最後受傷的會是自己。加上女性自主意識抬頭，怕婚後成爲黃臉婆的角色，甚至有些家庭是女性賺的錢比男性多，因此會有簽婚前協議書來保障自己的念頭。那如果要簽署婚前協議書，有範本可以下載嗎？答案是「沒有」。不過，《民法》對於婚姻效力與夫妻財產有基本規定，婚姻協議書也可參考《民法》第三節與第四節來調整爲更符合雙方生活條件。例如：規定丈夫星期一到五必須回家吃晚飯。如果你資產豐厚、工作忙碌，也可以請律師協助擬定婚前協議書，這就需要另外支付律師一筆費用。另外，如果婚前協議對資產的分配與《民法》遺產規定牴觸時，則以《民法》爲主。例如，協議有一條規定是「若一方死後，必須將遺產全數交予配偶」。因協議的規定通常不會完全符合《民法》關於遺囑規定的要件，例如婚前協議是夫妻間之約定，而遺囑是立遺囑人依法律規定程序所製作成立，二者顯有不同。且已死之人是無法做贈與的，若眞要這樣規定，建議會用擬**「遺囑」**方式來預立，避免往後的爭議。你很難拿著「婚前協議書」去向對方家屬主張：「丈夫在這份協議書上說死後遺產都屬於我，所以遺產都是我的。」上述婚前協議書的遺產分配條款可能無效，但不代表其他規定也無效。擬定協議和合約都是類似的概念，若是對方給你婚前協議書，也要好好審閱才行。（可以參考本書書末的合約審閱要領）

《民法》第三節 婚姻之普通效力

第 1000 條

夫妻各保有其本姓。但得書面約定以其本姓冠以配偶之姓，並向戶政機關登記。

冠姓之一方得隨時回復其本姓。但於同一婚姻關係存續中以一次爲限。

第 1001 條

夫妻互負同居之義務。但有不能同居之正當理由者，不在此限。

第 1002 條

夫妻之住所，由雙方共同協議之；未爲協議或協議不成時，得聲請法院定之。

法院爲前項裁定前，以夫妻共同戶籍地推定爲其住所。

第 1003 條

夫妻於日常家務，互爲代理人。

夫妻之一方濫用前項代理權時，他方得限制之。但不得對抗善意第三人。

第 1003-1 條

家庭生活費用，除法律或契約另有約定外，由夫妻各依其經濟能力、家事勞動或其他情事分擔之。

因前項費用所生之債務，由夫妻負連帶責任

《民法》第四節 夫妻財產制・第 1 款 通則

第 1004 條

夫妻得於結婚前或結婚後，以契約就本法所定之約定財產制中，選擇其一，爲其夫妻財產制。

第 1005 條

夫妻未以契約訂立夫妻財產制者，除本法另有規定外，以法定財產制，爲其夫妻財產制。

第 1007 條

夫妻財產制契約之訂立、變更或廢止，應以書面爲之。

第 1008 條

夫妻財產制契約之訂立、變更或廢止，非經登記，不得以之對抗第三人。

前項夫妻財產制契約之登記，不影響依其他法律所爲財產權登記之效力。

第一項之登記，另以法律定之。

《民法》第四節 夫妻財產制．第 1 款 通則

第 1030-1 條

法定財產制關係消滅時，夫或妻現存之婚後財產，扣除婚姻關係存續所負債務後，如有剩餘，其雙方剩餘財產之差額，應平均分配。但下列財產不在此限：

一、因繼承或其他無償取得之財產。

二、慰撫金。

夫妻之一方對於婚姻生活無貢獻或協力，或有其他情事，致平均分配有失公平者，法院得調整或免除其分配額。

法院爲前項裁判時，應綜合衡酌夫妻婚姻存續期間之家事勞動、子女照顧養育、對家庭付出之整體協力狀況、共同生活及分居時間之久暫、婚後財產取得時間、雙方之經濟能力等因素。

第一項請求權，不得讓與或繼承。但已依契約承諾，或已起訴者，不在此限。

第一項剩餘財產差額之分配請求權，自請求權人知有剩餘財產之差額時起，二年間不行使而消滅。自法定財產制關係消滅時起，逾五年者，亦同。

第 1044 條

分別財產，夫妻各保有其財產之所有權，各自管理、使用、收益及處分。

第三章——《刑法》

求職詐騙・在網路上找工作卻差點被賣去柬埔寨！

二〇二三年十一月新北市汐止分局接獲兩起「假檢警面交詐欺案」，並發現犯嫌疑似為同一人，詐取不法所得共計新臺幣九十六萬元，於是馬上成立專案小組展開調查。

經員警了解，原來第一起遭詐騙的被害人唐男表示其接獲自稱「陳姓主任檢察官」之電話，佯稱「有刑事案件，惟經傳喚未到案，以案件須重啟調查」為由，要求至銀行提領新臺幣三十六萬元後，至指定處所交付現金，唐男交付完現金拿到假公文後，才驚覺遭詐騙，至派出所報案。第二起遭詐騙的被害人吳女也是接獲假冒「電信業者及檢察官」之電話，佯稱「渠電話費未繳，帳戶已遭警示」等話術詐騙，吳女信以爲眞，提領現金新臺幣六十萬元至指定處所交付予詐騙車手，後續吳女察覺受騙後才至派出所報案。以上兩起詐騙案，經過警方專案小組調查後，最終鎖定九十年次的梁男（很年輕哪）涉嫌重大，只是梁男平時行蹤不定，最後在汐止派出所員警努力下將其拘提到案，梁嫌也坦承不諱，配合警方返所釐清案情。

這起案件根據了解，梁男是在二〇二二年七月透**過臉書社團找工作**，**被「輕鬆協助取貨、送貨及高薪工作」的誘因招攬進詐騙集團，成了集團的車手或取簿手**，平時僅透過通訊軟體與主管聯繫，尚未實際獲得報酬（太倒楣了吧），全案經警方蒐集齊備犯罪事證，將梁男依**詐欺罪**移送士林地檢署偵辦。警方同時也提醒民眾，如果看到「輕鬆賺取高薪」的招募訊息，務必小心留意。

「輕鬆賺取高薪」這種好機會，會是我的嗎？

網路求職詐騙層出不窮，想要輕鬆賺錢錯了嗎？該怎麼避免不上當：一、我們可以從知名的求職網站（例如104人力銀行）找工作；二、如果是大眾耳熟能詳的上市上櫃公司，基本上不太可能騙你（笑）；三、如果你已到職數日，可以看公司有沒有為你保勞健保，以及查詢公司有沒有「高薪低報」你的薪資。那麼，我們要如何查詢公司有沒有「高薪低報」？其實很簡單，只要上「勞動部勞工保險局」網站，找「進入個人網路申報及查詢作業系統」，完成登入和確認本人的資料後，即可查詢個人勞保／勞退相關資料如下：

1. 職業工會及漁會個人欠費查詢
2. 保險給付資料查詢
3. 被保險人之投保年資資料查詢
4. 育嬰假期間應繳保費查詢及補發繳款單

5. 勞工退休金請領資料查詢
6. 勞退勞工提繳異動資料查詢
7. 勞退個人專戶資料查詢
8. 勞退個人專戶核發金額試算

另外，**在面試前，也可以上「經濟部」網站去查詢公司商工資料，看這間公司到底存不存在、規模大小等。到職時，如果公司要你簽員工合約，也要仔細審閱，因爲合約一旦簽署即成立，但合約內若有違反《勞動基準法（簡稱勞基法）》，則是以《勞基法》爲主，這也就是我們說的「《勞基法》爲勞工的基本保障」。**

我好像眞的掉入詐騙集團的圈套，怎麼辦？

詐騙集團其實非常懂得因應社會變化而有不同的騙術花招。最近常見的詐騙方式會透過「交友軟體」、「LINE 社群」、「Facebook」加好友以及私訊，通常一開始會分享他們（詐騙集團的人）奢華生活的美照、各地旅遊的照片，甚至對方是用自己架設的投資網站來取信於你，等你卸下心防後，便會開始問你要不要跟他一起賺錢：「在臺灣一個月只能賺到兩萬五，但在國外我們一個月就能賺八萬，如果你業績好，還能賺超過十萬。」於是有些人就跟對方到了柬埔寨。工作內容如果是單純的打電話人事招募，或許你會沒事；但如果你的工作內容有「以詐術使人出中華民國領域外者」就會牽涉到《刑法》的部分。若當下收到的薪水沒有想像的多，向主管反應，主管也只是淡淡地說：「因為你沒有達到業績啊，如果你之後努力一點，就會有你想要的報酬。」這其實你無可奈何。當你發現工作內容並沒有想像中美好時，自然就想回臺灣，但發現護照已被集團扣留下來，也喪失了自由行動的權利，就會想要跟臺灣的親友求救，但發求救信號或定位給親友被集團人員發現時，挨一頓揍可能是免不了的。

因為前陣子柬埔寨詐騙新聞風聲鶴唳，在柬埔寨當地的詐騙集團想要轉移陣地，所以陸續將集團成員帶至鄰近的其他國家。這對於被騙去柬埔寨工作的臺灣人來說，想要有機會逃走，就是可能可以趁**「轉機」**的時候。如果當下剛好遇到臺灣警察單位的人問：「要不要一起回臺灣？」這時就是「快逃啊！！」

我也聽過有位老先生在臉書上遇到一位在國外的慈善家，對方透過臉書訊息向老先生說想要爲臺灣做善事，想要捐款給臺灣，但他沒有臺灣的銀行帳戶，無法匯款至臺灣的金融機構，問可不可以借老先生銀行帳戶一用。老先生是個退休人士，沒想到竟然有人如此看重自己，決定要幫忙完成這個偉大的善舉，於是向我詢問，我一聽就跟他說，這很有可能是詐騙，可以觀察一下，**不要輕易把戶頭給別人**，且帳戶是放臺幣還是外幣？如果對方眞的要做善事，臺灣有這麼多基金會，他爲何要找一個私人的帳戶來作爲捐款基金帳戶呢？

類似的詐騙也可能是**「你的朋友」**傳遞給你。我遇過一個案例，老陳有一位認識多年的朋友，突然有天跟老陳說：「我們公司現在正在做外幣匯兌，那你有沒有公司帳戶可以提供？我們公司先把外幣存放在你公司的帳戶。」老陳本來是要幫我他草擬合作契約，請我報價，但我一聽他講這件事，就覺得不對勁。**第一，能做外幣匯兌的單位是什麼？原則上是銀行，否則就有違反《銀行法》的問題；第二，你做這件事會不會影響到外幣匯兌的秩序；第三，如果該外幣匯兌的公司是合法、正派的，爲什麼**

要跟你借公司帳戶？我就跟老陳說：「這應該是有問題的喔。」但聽到這裡，老陳還是有疑惑：「應該不會啊，我們認識三十年了耶。」於是我請他去確認幾件事：**第一，你的朋友是眞的本人嗎？第二，還是你朋友被盜帳號？**後來，我沒再聽到他的消息，應該是發現對方可能是詐騙。對律師來說，或許我們是少賺一筆錢，但我覺得我是幫助到一個人。

對於突然發生的好事或資訊，我們都要有些提防心。如果對方眞的有個飆股內線好消息，他爲什麼要跟你分享呢？自己賺個盆滿缽滿豈不是更好。

柏洋律師溫暖提醒

天底下沒有白吃的午餐

人難免會有「我肯定是那個幸運兒」或是「別人都能靠股票賺到錢，我一定也可以」的心態。我們想要自己的生活過得更好，這些都是很自然的。但是要過得好、賺到很多錢、做善事等，方法和管道非常多，千萬不要增加自己的風險。我們找可以經營已久、大家也耳熟能詳的管道。在想要幫助別人之前，記得要先保護好自己。**對於親友的提防心和警戒心也要有**，雖然不至於要你每天疑神疑鬼、提心吊膽，但有時那些自稱是你女兒或是你朋友的人，搞不好是帳號遭詐騙集團利用，千萬不可不防。

感情詐騙・網路交的男友找我一起投資，後來才發現自己被騙，還能要回我的錢嗎？

接到電話那頭說「我是××電商，你曾經在某時買了某物，因爲購物當時刷卡系統出現問題，導致你的帳戶會不斷扣款」進而要你手動解除扣款；或是收到通知自己訂購某商品，要去便利商店付款或是到家付款，都算是詐騙老招數。銀行不可能莫名要你轉帳，而你沒有訂購的東西，更不用因爲看到通知而付款。

現在另一種既危險又讓受害者隱忍不發的則是「感情詐騙」，這種愛情陷阱又稱爲「殺豬盤」，詐騙受害者就是「豬」，詐騙者的目標是「養豬」、最終「殺豬」。手法即是與受害者培養信任和感情，引導他們在虛假的加密貨幣投資平臺上投資，在最後一步，詐騙者再榨乾受害者的錢財。

常見的案例即是對方會**利用社群通訊軟體**加你爲好友，對方的照片大部分是在國外旅遊或是健身的帥氣照片，一開始如果你向對方表示：「我不認識你。」詐騙者可能會說：「現在不認識，但看你的照片很可愛，那我可以認識你嗎？」如果此時此刻的你，失戀不久，或是相當渴望一段浪漫愛情、閒來無事覺得認識朋友無妨，就可能陷入詐騙集團的養豬圈套中。畢竟詐騙集團要先養豬，所以不像以往的詐騙方式一開始就跟你要錢，對方會先跟你聊天，試探你的興趣，投其所好，或是試探你的個人資訊，例如家中地址。高招的詐騙集團，知道你有利可圖後，**爲了取得你的信任，甚至會花一點小成本，例如電話訂花送到你家，或是送小禮物到你家附近的便利商店**（這是眞實發生的事）。於是你會對於這個「追求者」或是「男友」的存在更加深信不疑。一個月後對方可能表明要跟你交往甚至結婚，爲了結婚、爲了往後過更好的日子，跟你分享一個只有他知道的投資方法：加密貨幣、流動性挖礦平臺。爲了讓你更放心，對方會給你看他自己在平臺上的帳戶，表示自己賺了不少錢，希望你也能跟他一起投資，一起賺錢，這樣就能共創美好未來。若你害怕，對方還會說：「沒關係，你先投資一點點就好，而且那些錢隨時可以領出來。」可能一開始先放了十萬，發現平臺的確有在賺錢，也領過一次兩萬的獲利，於是放心地投入兩百萬，但此時如果你想把錢領出來，平臺系統就會通知你，需要繳交一百萬的保證金，否則不能領錢。而你著急問你那網路上認識的「男友」時，他會安撫你，表示這的確要保證金，他自己現在也臨時拿不出這麼多現金，鼓勵你可以用信用貸款或是跟親戚朋友借錢，用那筆錢來繳保證金，那麼未來就能藉此賺更多錢。於是你會向親朋好友借錢，再加上信用貸款，努力繳納保證金，把原本存在裡面的錢，加上獲利領出來。如果你借錢不順，或是表示自己已經沒有錢可以繳，哭鬧要「男友」負責，他也只會安撫你，或是敷衍你。而平臺的客服則是不再回應，你怎麼樣都無法將之前投在裡面的錢領出來。

我只是想交新朋友，難道每一位陌生人都不可信嗎？

現代人常用社群軟體來分享自己的生活，一方面是記錄生活，一方面可能想要尋求更多追蹤者。

當我們發現有陌生人想要與我們攀談認識，一定要留意：

保持警惕：當你接到陌生人的電話或訊息時，首先要保持警惕。看看對方的社群媒體有否和你有共同朋友，或是對方平常有沒有固定發文，有沒有人在關注。如果有共同朋友你可詢問朋友是否認識，他爲人如何。如果對方沒有什麼貼文，甚至唯一幾則貼文也沒什麼人關注，那很有可能就是假帳號。

不要輕易透露個人資訊：包括姓名、住家地址、電話號碼、電子郵件、其餘社交媒體帳戶等。這很有可能讓詐騙集團利用你的資訊，掌握你的生活作息、喜好，因爲詐騙者可能會透過上述方式蒐集你的個人信息和喜好，然後冒充是你認識的人或者有共同興趣的人，讓你產生信任感，以此來進行騙局。

謹慎地進行視訊聊天和交換照片：避免剛開始聊天就進行視訊通話，也不要在通話中透露個人敏感信息，例如銀行帳戶。透露銀行帳戶是相當危險的行爲，可能會讓你所有金融帳戶成警示帳戶，無法領出帳戶中的錢。而交換照片則可能會讓你的照片被詐騙集團利用。

當心是場騙局：還是要注意網路上可能存在的各種騙局，例如詐騙、假冒、偷竊等。如果你感到任何不安，或者感覺對方怪怪的，請相信自己的直覺。不要因爲一個人聲稱自己是某個知名公司的工作人員，或是擁有某種投資計畫就盲目相信對方。

不要立即行動：不要被詐騙者口中的高利潤所誘惑，如果對方聲稱你必須立即投資或做任何金錢交易，在做出任何決定之前，需要嚴謹地進行研究和評估。

尋求協助與建議：如果你對聊天過程感到懷疑，或者擔心自己可能成爲詐騙的受害者，請尋求專業的協助。可以選擇求助於鄰近警察機關或撥打「165反詐騙諮詢專線」。在**內政部警政署165全民防騙網**中有許多反詐騙的教學。其中一個筆者也有使用的方式：**關閉訊息通知**。（詳細方法可上「165全民防騙網」查看）但我採取的方式除了關閉訊息通知外，還將手機設定爲「勿擾模式」，所有通訊軟體也同步關閉通知，這樣一來，不僅訊息，連詐騙電話都不會接到。不要太擔心你會錯過什麼緊急消息，如果看到家人或朋友的未接電話，屆時再回覆即可。

遇到狀況你可以選擇**先報警**，即使詐騙者在海外，還是建議向你鄰近的警方報案。這樣警方可以開始調查和協助你聯繫相關金融機構，可能還有辦法阻止你的錢被領出。

如果有任何付款或金融交易發生，最好**趕快聯繫眞正的金融機構**，讓他們了解詐騙情況，並查詢是否有可能阻止任何款項匯出。若是在社群媒體平臺發生詐騙行爲，可以將狀況或詐騙帳號回報給社群平臺，幫助平臺了解其詐騙方式，並提供更好的安全建議，避免其他人成爲受害者。最重要的還是時刻保持警惕，避免過度信任陌生人或在網路上進行金錢交易。如果你對某些事情感到懷疑或不安，最好先問過專業人士或機構，以避免成爲詐騙的受害者。

在這一類感情詐騙受害者中，似乎女性比男性多一些。其中一些原因可能包括：

社會文化背景：女性可能更傾向於表現出情感，憧憬男追女的浪漫行爲。現代社會也鼓勵女性可以主動追求感情，並且渴望更多的關注，這就可能會使她們更容易被感情詐騙者的誘惑所影響。

心理因素：女性可能更容易被他人的情感所影響，女性通常會關注他人的需要和感受。這種特性可能使女性更容易被感情詐騙者所利用。

缺乏警惕性：感情詐騙者通常使用高超的欺騙技巧，他們經常針對受害者的弱點（例如知道你很在乎母親）再操控你。平時生活缺乏警惕性，因而也對網路上的陌生人過度信任，這使她們容易成為詐騙者的目標。

不論是男性還是女性，成為感情詐騙的受害者都是非常令人沮喪且痛心的經歷。如果你或你認識的人被感情詐騙了，最好盡快報警或尋求專業幫助。在未來，要注意保持警惕，不管現實或網路上，都不要對陌生人過度信任。如果即時報警或許還能阻止你的錢被所謂的「車手」領走，以及緊急讓你的銀行帳戶不會再被利用，或變成警調戶。部分

刑法

第 339 條

意圖為自己或第三人不法之所有，以詐術使人將本人或第三人之物交付者，處五年以下有期徒刑、拘役或科或併科五十萬元以下罰金。

以前項方法得財產上不法之利益或使第三人得之者，亦同。

前二項之未遂犯罰之。

人被詐騙後，可能會在事後告對方**詐欺**，但在實務上被詐騙後，其實很難追回被騙的錢，尤其是如果詐騙者在國外逃避追查。且**詐騙者通常會設法隱藏或轉移資金，或是使用虛假身分和資訊隱匿自己的行蹤，讓受害人難以找到他們或追回被騙的款項**。最重要的還是要隨時保持警惕。

強制性交．「事後想想越來越不對勁」是成立的嗎？

二〇二〇年五月曾發生一件妨害性自主案件。因被告曾是知名 YouTuber，在二〇二二年十月不服三審定讞結果，審判後上傳兩部影片以表達自己的清白，感嘆自己是「人醜性騷擾」（影片現已刪除）。同年十一月也受另一位網紅之邀，在 YouTube 解釋整起案件，引起許多人關注。

以判決書來看，整起案件是發生在二〇二〇年五月，告訴人（簡稱A女）與被告同爲工作室同事，被告以討論八卦爲由，邀A女到其工作室房內，A女不疑有他，兩人談天十分鐘後，被告竟基於強制性交之犯意，將A女推倒在在床上，強吻A女，撫摸A女胸部及下體，並以手指插入陰道內約十秒，不顧A女持續推拒並口稱**「不要」**等語，被告仍強行脫掉A女衣褲，接續自A女背面以陰莖插入陰道，以此強暴方式對A女性交行爲得逞一次。**同年同月的隔天**，A女因不想破壞工作室和諧，所以想向被告私下商談，兩人約在同處的工作室，被告再次違反A女意願，強吻並強拉A女雙手至廚房，將其扛至流理臺，脫掉A女衣褲，以陰莖插入A女陰道，以此強暴方式對A女性交行爲得逞。

被告在一審前開始委任律師辯護，也在自己的 YouTube 影片澄清道：「第一次性行爲是雙方合意的。而且如果對方抵抗不要，怎麼會完全沒有外傷？」、「第二次性行爲發生時，另位女性就在住處隔壁，如果女方不同意，想要求救一定會被聽到，我怎麼敢再繼續？」、「A女第一次事後還傳訊息給男友，說我跟她獨處會忍不住，就是會想要。所以A女才有辦法去驗傷。這豈不是設局嗎？」認爲是**「女方設局」**、**「我們其實是合意性交，不然隔天她怎麼還敢跟我碰面？照理來說應該不敢跟我見面**

啊」。

一審法院審理後，最後依**強制性交罪，判被告四年十個月有期徒刑。**經過被告提起上訴，法官依照兩造雙方提出的證據（臉書翻拍對話記錄）及事實駁回上訴，上訴三審也遭駁回，最後**強制性交罪及四年十個月有期徒刑判決確定**。從法官角度看證據及證人說法，對於第一次性行爲告訴人「沒有外傷」的證據，也不代表對方即是「同意」，從性行爲前後的「對話紀錄」和「證人說法」也反應出遭受到性侵時，人會出現的僵直（呆僵）反應（freeze）之依據。而被告也沒有提出新證據來請求調查，證人和被告並無糾紛，更沒有理由誣陷被告。因此被告的上訴皆被駁回，三審定讞確定。

臺灣女生日常事後想想越來越不對勁？

在性侵的相關案件中，我們旁觀者時常會有一種對於被害人的迷思，例如「他

（她）一定會立即反抗」的完美被害者*。但在許多案件中當事人在事發當下是困惑的，就像一般人在遭遇危機時通常會出現三種反應：一是「fight」，反抗；二是「flight」，逃跑；但更多人的狀況會出現「freeze」，僵直了，而僵直狀況非常普遍。這三種反應都是人類演化過程中留下來的生存本能。最早提出這個理論的是一位美國的生理學家華爾特．佳能（Walter Bradford Cannon，一八七一～一九四五年）。他在他的著作《痛苦、飢餓、恐懼和憤怒中的身體變化》（暫譯）*Bodily changes in*

---

* 編者註：「完美被害者」（Perfect Victim）這個詞最早用於近年的犯罪心理學。主要描述某些犯罪案件中的受害者，這些受害者具備一些特定的特徵，使得這些受害者容易成爲犯罪行爲的目標。這些特徵可能包括看似無辜、易受傷害等等。那些理想、完美被害者者迷思的形成可能是來自媒體、犯罪故事、電影等媒介的塑造，將這種「完美被害者」的概念傳播出去。這種塑造可能導致大衆對受害者的刻板印象和誤解，認爲只有具備特定特徵（例如無辜、可憐）的人才會成爲犯罪行爲的目標，而忽視了犯罪行爲的複雜性和多樣性。

  相關常見的詞彙則是指責被害人（victim blaming）一詞。這一詞最早出於威廉・萊恩（William Ryan）於一九七一年出版的《指責受害人》（*Blaming the Victim*）一書的標題。

pain, hunger, fear and rage（一九一五）中提到「戰鬥或逃跑反應」（Fight-or-flight response）是被認爲人在面對具有壓力或恐懼的事件時所產生的自動生理反應。對威脅的感知會刺激交感神經系統，觸發一種劇烈壓力反應，使身體準備好進行戰鬥或逃跑。因爲受害者和加害者的關係，可能是「父親／手足」、「權威／長輩」、「朋友／同學」、「陌生人」，而親戚或是朋友不一定是使用暴力使被害者屈服，可能會運用權力和對方的信任而性侵得逞。

我們常常會聽到男方被指控性侵後說：「是女方自己邀約我去他家，這難道不就代表她同意嗎？我們是情投意合啊。」既使是女方主動邀約，只要女方在性行爲過程中有說出「不要」，那就是不行的。有些男生可能會想說「你說不要就是要」，而且「如果你不要，當下爲何不大聲求救？你爲什麼不反抗？」但這些都沒有考慮到女方可能是畏懼，

刑法

第 221 條

對於男女以強暴、脅迫、恐嚇、催眠術或其他違反其意願之方法而爲性交者，處三年以上十年以下有期徒刑。

或是想著先撐過去就好了的心態。依照《刑法》第16章妨害性自主罪章而言，任何性行爲都應建立在相互尊重、彼此同意的基礎上，就是「說不要就是不要」、「說願意才是願意」；也**不能將性侵害的發生歸咎於被害人個人因素或反應**，例如「對方隔天還不是有跟我聯繫，這表示她應該是同意啊」，而合理化加害者先前**未經確認**所發生的性行爲。所以，就算加害人辯稱：「**她當下爲何不求救？隔天還能神色自若傳訊息給我，那是她自己越想越不對勁，明明就是當下同意，事後要抹黑我。」這種答辯方式被接受的可能性也不會太高。**

另外，被害人事發後的態度，也是評斷的重要依據。舉例來說，女方感受到被性侵的兩天內，就向親友哭訴，且有表達不願意再見到男方，這即能明顯判斷女方是眞的「不要」且事後感到恐懼痛苦；但若事發後，男女雙方還能開開心心一起去喝咖啡、逛街、看了三天的電影，後又指控男方性侵，這則容易讓人聯想「你是否別有他圖」。

約會時，我怎麼知道對方到底是「要還不要」？

有聽過男生說：「我怎麼知道女方那些言行到底是什麼意思？女生就是很難搞啊，誰知道她們在想什麼？法律豈非偏袒女性？」其實男女之間（無論有沒有交往）相處時，本身要有一定的禮儀與界線，如果有一方對另一方的言語或肢體接觸，明顯表達出不開心的樣子，另一方就該停下了；倘若，表達出不開心後，還是發生了逾矩的行爲怎麼辦？那麼事後，無論哪一方（被害者也可能是男性）都該好好和對方溝通，不要逃避，言行表現誠意而非把對方當作「玩物」。如果一切能好好溝通以及協調，或許對方並不會想提告，或是提告後你們也能和解處理或緩刑，都不至於讓自己背上前科。

針對性侵案件，法官唯一能看的就是**「證據」**，因爲法官不可能事發時看到你們到底誰願意誰不願意。如果知道自己理虧，拿出誠意好好處理，不然被判「強制性交罪」，其付出的成本是相當高的。

柏洋律師
溫暖提醒

說不要就是不要

大部分的人（無論男女）若因違反自己的意願而被迫進行性行為，通常第一時間不會想到要提告。發生這種事，當下的情緒肯定相當高漲且複雜，有各種自我懷疑或是想獲得對方回應等念頭，也很難馬上蒐證，因為你不會知道會不會還有下一次，也可能因為對方社經地位較高，想著自己就算說出來，也沒有人會相信。

所以，女生真的要好好保護自己（男生亦是）。萬一突然發生違背自己意願的事，可以先喝斥對方：「你再這樣，我就報警。」如果對方真的強硬不理，在此建議存好對話記錄等相關證據，盡快報案。

面對事件時，只要是人，都會被情緒所影響，但法律白紙黑字，審判講求證據。所以，在我們沒有遇到相關事件之前，記得掌握與他人相處的原則和分寸來保護自己，例如，彼此不熟識就不要大開黃腔或講一些容易令他人誤會的曖昧字眼等。若不幸發生相關事件也要清楚「吃虧絕對不是占便宜」，也不宜過於情緒化處理讓事件和自己的身心狀況越來越糟。整理好相關證據，找一位信任的律師，讓惡人得到應有的懲罰吧。

詐欺、侵占 ・

前男友拿我的提款卡亂花，平時出去玩也是我出錢，分手後可以向他要錢嗎？

一位女性朋友A在二〇二〇年時與李姓男子交往，交往期間，朋友A有穩定的工作，而她男友因純粹幫忙家裡擺攤生意，所以收入不穩，兩人交往期間費用幾乎由女方負擔。交往近一個月時，男友便跟朋友A說：「像你這樣有固定薪水卻沒有穩定存錢，乾脆開一個銀行帳戶，每個月把薪水一部分轉進去，然後我幫你保管。」朋友A

一開始覺得太麻煩了，於是詢問當時男友能不能轉到原有的其他帳戶（例如：國〇世〇、郵局……），李姓男子卻堅持一定要到「中〇信〇」銀行開戶，並且強烈要求一定要是「中〇信〇」（下統稱B帳戶）且不停催促：「快點開戶不然我要瘋了，我就是要幫你存錢，聽懂了嗎？」朋友A因當時精神狀況不佳，扛不住對方的要求，只好向公司請假一天特別去銀行開戶，在同一週的週末將新開戶的存摺及提款卡交給對方。

朋友A當時**沒有辦網路銀行**，她僅僅知道的只有B帳戶的帳號，單純用自己的薪轉帳戶轉帳金額到B帳戶。有時李姓男子缺生活費或是突然需要繳交燃料稅等，便會請朋友A轉帳到B帳戶，算是借他，好讓他可以**「週轉」**。朋友A因其精神狀況加上不堪當時男友不斷求她借他錢，於是陸續轉帳到B帳戶近十萬元。二〇二〇年年底，李姓男子得知朋友A會有一筆獎金，便慫恿朋友A將那筆獎金給他母親操作股票，放久了還能賺到錢。朋友A又不疑有他，分別轉三次三萬元，共九萬元到B帳戶。但她卻不知道自己的錢投資的股票名稱和股票財報與漲跌，直至二〇二一年三月底，朋友A沒錢生活，才求李姓男子無論股票賠或賺，只要還給她原本的九萬即可。本來李姓男子不情不願，甚至情緒勒索朋友A是不夠信任他才會要這筆錢，不然錢放久了會賺。但因朋友A眞的連三餐都買不了，對方這才願意分期給九萬。同年五月，朋友A終於不堪精神壓迫與經濟壓力，於是前往銀行將B帳戶中辦提款卡遺失。這才發現B帳戶剩不到一千元。心寒之餘，過了幾天勇敢提出分手。

本無意提告的朋友A，一個月後，因和女性朋友聊天之下，才知道李姓男子在分手後兩天，便搭上朋友A的朋友，並哭訴自己可憐。同時也得知李姓男子慣用以退爲進的辦法，向朋友借錢，且從無意還錢。朋友A便在同年十月向當地警局報案，提告李姓男子未經她本人同意，將自己帳戶中的款項（含股票費用共十六萬）提領一空。順便向銀行申請完整的提領明細。但男女朋友之間分手後，想要要回交往時的借款，不太容易。肯定要有對方故意欠錢不還的證據。

刑法

335 條第 1 項

意圖爲自己或第三人不法之所有，而侵占自己持有他人之物者，處五年以下有期徒刑、拘役或科或併科三萬元以下罰金。

口頭的「借錢」無法被認定爲契約成立？

依照《民法》第474條，只要當事人之間「約定」並「移轉」金錢或其他替代物之所有權於另一方，借款契約就成立了，不一定需寫下白紙黑字，對方確實不能耍賴說：「我們又沒簽約，沒有成立契約，我不用還錢！」在法律上被告雖有還款義務，但**原告**依然有舉證責任，必須舉出「對方欠錢不還」的證據，其中最重要的，就是雙方間的借貸契約的約定（合意），以及確實有將借款交付另一方。所以，千萬不要認爲僅有借據就一定可以在訴訟上成功主張，也千萬不要認爲有匯款證明在法律上就一定可以是認定爲借款。畢竟，匯款背後的原因實在很多，有可能是贈與，也有可能是買賣契約的貨款等等。

刑法

474條第1項

稱消費借貸者，謂當事人一方移轉金錢或其他代替物之所有權於他方，而約定他方以種類、品質、數量相同之物返還之契約。

臺灣●●地方檢察署刑事傳票			
被傳人地址	●●●●●●●	身分證明文件編號	
姓名	●●● 先生 女士	性別	●
		出生年月日	●●●●●
案號案由	●●●●●●●●		
應到日期	●●●●●●		
應到處所	●●●●		
下次應到日期	年 月 日 午 時 分 年 月 日 午 時 分		
備註			
注意事項		附註	
書記官	書記官章	檢察官	檢察官章
中華民國 年 月 日			

臺灣○○地方檢察署

傳票示意圖

散布猥褻物品·男友拍我們的性愛影片，卻不刪除，他説只要我們不分手，就不會流傳出去?!

情侶間有時爲了增加情趣，性行爲過程可能拍下影片，而從現今許多新聞案例統計來看，又以男方掌鏡爲主。假設女性身在其中，爲了配合男友當下同意拍攝影片，事後越想越不對勁，因而要求男友刪除，男友卻以分手來要脅，這種情形會構成刑事上恐嚇罪或是竊錄罪嗎？第一，恐嚇罪的要件爲：「以加害生命、身體、自由、名譽、財產之事恐嚇他人，致生危害於安全。」分手的行爲並沒有達到危害生命、身體、自由等，意思即是除非對方威脅你：「如果你不讓我拍，我就囚禁你，不讓你出去。」或是：「要讓我把影片刪掉，除非你給我五百萬，不然我就傳給你親朋好友看。」這就算是恐嚇。而竊錄罪更難成立，只要女方是知情的、同意的，就不構成竊錄罪的要件。

另外，若你被要求拍攝性愛影片時爲未滿十二歲的兒童或是十二歲以上未滿十八歲的少年，對方可能會觸犯「兒童及少年性剝削防制條例」。

朋友間互相分享性愛影片會有事嗎？

若對方爲了炫耀，而傳給朋友你們兩個人的性愛影片，且影片明顯露出性器官，那極大機會觸犯「妨害秘密罪」、「散布猥褻物品罪」。但如果只是朋友之間互傳他人性愛影片，會有事嗎？這不好說，只要可以查到「散布來源」，即算犯下此罪，搞不好你被群組的某人出賣告發，就要吃上官司了。所以不要以爲自己私下和朋友之間互傳他人性愛影片、照片不會出事。

那麼猥褻物的定義爲何？如果只是泳裝照片算嗎？要稱爲「猥褻」是指**客觀上足以刺激或滿足性慾，其內容可與性器官、性行爲及性文化之描繪與論述聯結，且須以引起普通一般人羞恥或厭惡感而侵害性的道德感情，有礙於社會風化者爲限**（大法官釋字第四〇七號解釋參照）。

也許有的人會想，那假設我傳的是知名攝影師所拍的露點藝術照呢？難道這也不行嗎？那就要另外判斷。同樣根據大法官四〇七號解釋，猥褻之言論或出版品與藝術性、醫學性、

刑法

第 315-1 條第 1 項
妨害秘密罪

無故利用工具或設備窺視、竊聽他人非公開之活動、言論、談話或身體隱私部位者。

第 235 條第 1 項

散布、播送或販賣猥褻之文字、圖畫、聲音、影像或其他物品，或公然陳列，或以他法供人觀覽、聽聞者，處二年以下有期徒刑、拘役或科或併科九萬元以下罰金。

刑法

第 305 條恐嚇罪

以加害生命、身體、自由、名譽、財產之事恐嚇他人，致生危害於安全者，處二年以下有期徒刑、拘役或九千元以下罰金。

兒童及少年性剝削防制條例
第 36 條

第 1 項：拍攝、製造兒童或少年之性影像、與性相關而客觀上足以引起性慾或羞恥之圖畫、語音或其他物品，處一年以上七年以下有期徒刑，得併科新臺幣一百萬元以下罰金。

第 2 項：招募、引誘、容留、媒介、協助或以他法，使兒童或少年被拍攝、自行拍攝、製造性影像、與性相關而客觀上足以引起性慾或羞恥之圖畫、語音或其他物品，處三年以上十年以下有期徒刑，得併科新臺幣三百萬元以下罰金。

第 3 項：以強暴、脅迫、藥劑、詐術、催眠術或其他違反本人意願之方法，使兒童或少年被拍攝、自行拍攝、製造性影像、與性相關而客觀上足以引起性慾或羞恥之圖畫、語音或其他物品者，處七年以上有期徒刑，得併科新臺幣五百萬元以下罰金。

第 4 項：意圖營利犯前三項之罪者，依各該條項之規定，加重其刑至二分之一。

第 5 項：前四項之未遂犯罰之。

第 6 項：第 1 項至第 4 項之附著物、圖畫及物品，不問屬於犯罪行為人與否，沒收之。

第 7 項：拍攝、製造兒童或少年之性影像、與性相關而客觀上足以引起性慾或羞恥之圖畫、語音或其他物品之工具或設備，不問屬於犯罪行為人與否，沒收之。但屬於被害人者，不在此限。

教育性等之言論或出版品之區別，應就各該言論或出版品整體之特性及其目的而爲觀察，並依當時之社會一般觀念定之。所以還是會以當時社會的一般觀念來判斷。如果你眞的不小心收到可能涉及猥褻的照片或影片，就不要再傳播出去，免得哪天惹到別人，被檢舉，就要吃上官司了。

柏洋律師
溫暖提醒

害怕影片流傳就不要答應拍攝

許多情侶為增加情趣，會在性行為過程中拍攝或錄影，或是指使另一方錄下性感影片傳給自己。無論是什麼樣的形式，被拍攝的那方，肯定要清楚認知一件事，就是「當下」一旦你答應了拍攝，這些照片或影片就有被散布的風險。被散布的原因可能是故意或非故意（修繕手機或電腦），所以只要你有一絲絲未來可能被散布的恐懼，當下應該就要制止對方，或拒絕傳給對方任何性感裸露照片、影片，否則哪怕是只有一點點散布出去的可能，都會讓你寢食難安。

公然侮辱・前男友在公開社群媒體用不實言論攻擊我，可以告他嗎？

到底什麼事情才算「可受公評」？

二〇二三年初知名 YouTuber 愛莉莎莎聲稱自己第一次告人，而她告的對象是在網路散布不實言論的網友，對網友提出「**公然侮辱罪及加重誹謗罪**」。不過，疑似被告的網友在社群媒體爲自己辯：「她是公衆人物，她做的事可受公評，是要告我什麼？」雖然說提起刑事告訴是愛莉莎莎本人的權利，但是不是可受公評之事就是另外的價值判斷了，即使是「同一言論」，在每一位法官的法律價值判斷上，都有可能會不同。理論上來說「**可受公評**」之事就是要跟**公衆事物**相關，如果提到對方私德就不是可受公評的事。這樣或許還是很模糊，例如：一個人把垃圾亂丟到大馬路上，這就算可受公評之事，因爲馬路不是他個人的，卻亂丟垃圾，那麼大家當然有權利指正他。但是如果你是沒來由在網路說「這個人一定是每天不洗澡，渾身散發臭味，非常噁心」；或是罵某人下賤，販賣身體維生，這就屬於私德了。

不過，法律屬於社會科學知識的整合，根據社會與大衆人數的經驗、價值及認定而成。所有罰則都不是大自然法則，若照大自然法則，殺人者應該會在某日死亡被自然淘汰，但現今社會殺人者會被通緝而判刑，這是人類的行爲。人爲結果的判斷會

刑法

第 309 條
公然侮辱罪第 1 項

公然侮辱人者，處拘役或九千元以下罰金。

因價值判斷而有差異，法官也會針對個案去判斷上述案件是否構成「誹謗」或「公然侮辱」。而所謂「公然」，其定義爲指不特定人或多數人得以共見共聞之狀態。

難道公衆人物都批評不得？現在是沒有言論自由了？

就算對方是公衆人物，若你批評的內容爲：「她眞是比豬八戒還醜，這樣也能當藝人？」這可能不算可受公評之事；但若你是批評對方：「××在臺北市信義區邊走邊吃爆米花，吃完就隨手亂丟紙盒，太沒水準了吧……」這可能就屬於可受公評之事，因爲當事

刑法

第 310 條第 1 項

意圖散布於衆，而指摘或傳述足以毀損他人名譽之事者，爲誹謗罪，處一年以下有期徒刑、拘役或一萬五千元以下罰金。

第 310 條第 3 項

對於所誹謗之事，能證明其爲眞實者，不罰。但涉於私德而與公共利益無關者，不在此限。

人影響的是市容整潔。若是單純外貌攻擊，會有公然侮辱罪成立的可能嗎？這也不一定。首先，公然侮辱罪的成立，第一，必須是要**在多數人或是不特定人有可能看見或聽見侮辱**的情形下；第二，是對他人進行無關事實的**言語謾罵，或用動作、文字圖畫表達謾罵**的意思，而且可能**貶低被侮辱者的人格與社會評價**。就只針對外貌來批評，法院判斷的標準也不固定，因爲美醜是主觀感受。但如果你是毫無根據，直接對對方進行抽象謾罵，例如，對方根本沒有整型，卻攻擊對方「整型了還這麼醜，簡直浪費地球資源的王八蛋」，這樣就有可能觸法囉。

柏洋律師
溫暖提醒

不要以為匿名就能亂罵人

「我匿名批評，也沒多嚴重，就要被告公然侮辱？是不是太誇張？」

《刑法》第311條規定，若是以善意發表言論，而有下列情形之一者，不罰：一、因自衛、自辯或保護合法之利益者。二、公務員因職務而報告者。三、對於可受公評之事，而為適當之評論者。四、對於中央及地方之會議或法院或公眾集會之記事，而為適當之載述者。

如果你是為了自保而反駁對方是可以的。但是在網路匿名罵人，尤其是特別創一個攻擊對方的專屬帳號，甚至名稱取得還和對方名稱類似，讓大眾容易連結，這就很明顯不是為了自保了，而是針對性的刻意攻擊，那就不是你認為躲在網路後面就沒事了，若對方報案成功，警方則可向網路平臺（如PTT、Dcard）調取IP位置和會員資料（如登記信箱）進而找到你（雖然業者也能選擇不提供）。真的不要天真認為躲在網路匿名罵人不會出事。

誹謗．前男友不斷在網路公開說我是「瘋子」、「破麻」，又不停傳訊息罵我……

一直在 Facebook、Instagram 上看到罵我的言論

根據《刑法》第310條第1項，若**意圖散布於衆，而指摘或傳述足以毀損他人名譽之事**者，就爲誹謗罪；又第2項規定，若**散布文字、圖畫**犯誹謗罪者，其刑責比前項的徒刑和罰金來得重；第3項對於所誹謗之事，**能證明其爲眞實者，不罰**。但**涉於私德而與公共利益無關者**，不在此限。意即如果前男友在 **Facebook 上公開發文**，且是毫無事實根據的謾罵如：「×××在跟我交往期間，還跟多人發生關係，根本就是習慣性陪睡的破麻……」、「那女的根本是神經病、瘋子，交往時還要拿刀砍我！」如果前男友拿不出相關證據，且此事件也與公共利益無關，就有可能涉及「加重誹謗罪」。另一種常見（笑）狀況是，你當天剛好遇到經期而腹痛不已，不得已坐了捷運博愛座，卻被沒位置坐的長者謾罵：「年輕人，你懂不懂得敬老尊賢啊？路邊的狗都比你有家教，你這種就是社會的敗類！（夾雜髒話）年紀輕輕好意思坐博愛座，有夠不要臉！」沒想到，整段對話都被捷運的路人拍了下來，而這種狀況下，能指控對方的，則是上一篇提到的「**公然侮辱罪**」。

另外，現代人較常遇到的則是**私訊**的謾罵，但私訊是一對一的內容往來，無法構成「公然侮辱」或是「誹謗」。不過，如果對方傳的訊息是像：「你再囂張一點沒關係，我就會去你公司鬧到你名譽掃地，看你怎麼做人！」、「我知道你住在哪裡，你再避不見面，我就先讓你父母消失。」這種令人心生畏懼的言論，可能就會觸犯《**刑**

法》第305條恐嚇罪，其成立要件是以加害生命、身體、自由、名譽、財產之事恐嚇他人，致生危害於安全者。所以，傳訊息吵架、罵人也是要小心，以免一時衝動而觸法。

被告聲稱有思覺失調症，亂罵人並非本意，這樣能脫罪嗎？

因爲網路普及、社群媒體發達，有些人講起話來肆無忌憚，喜愛用謾罵或其他針對性字眼增加自己的曝光度，享受宛若出名的感受。一旦發現自己因亂講話而被告後，就聲稱自己有精神疾病，被思覺失調症所困擾，才會口無遮攔，那失去理智的人並不是自己。這說法是不是很熟悉？其實，律師遇到這樣的案件也相

刑法

第305條

以加害生命、身體、自由、名譽、財產之事恐嚇他人，致生危害於安全者，處二年以下有期徒刑、拘役或九千元以下罰金。

當困擾，若委任人眞的有精神狀況，在一開始簽署委任書時，可能就會有不同的狀況產生，例如沉默不語或是咆哮大罵（律師心理素質也要相當強大啊），甚至所簽署的委任書是否有效等問題。即使委任人有醫師開立的「精神診斷書」，在出庭時，也有可能因爲精神狀況不佳而牽動情緒，造成不利於當庭的答辯狀況。法官雖會參考醫師先前提出的精神診斷書，或送請醫院鑑定被告行爲時之精神狀況，但仍舊會依照案件證據、眞實狀況來做裁斷。因此，主張精神疾病並非萬靈丹，若感受到自己精神狀況不佳時，可以尋求親友或是社會福利機構的協助。如果眞的感覺太糟糕，也可以前往身心科，參考醫師的建議。許多事情都能迎刃而解，也不會時常感受自己際遇不好或惹上麻煩，甚至吃上官司。

柏洋律師溫暖提醒

禍從口出，小心得不償失

現代人在社群媒體發言或是留言是再容易不過的事，只要拿著手機，就能和不認識的陌生人吵起來。當你發現自己無法克制心裡的怒氣時，先冷靜思考：「我有需要為了一個陌生人讓自己不開心嗎？」律師大部分時間都在與當事人溝通，有些案件律師聽了當事人說法和看了證據後便判斷成功機率不高，卻也很難向當事人直接開口：「你這個案件勝訴的機率相當低。」如果因為自己不小心亂說話被告，還要花錢請律師，通常會把這樣的壓力轉嫁給委任律師。雖然律師難免覺得：「你不要亂說話，也就不需要花這些錢，沒這些麻煩事。」但內心真切想的卻是：「當今父母或學校老師若是能好好給予小孩正確觀念，培養**責任感**，自己需要對自己的言行負責，而非縱容，讓孩子偏差的性格加劇。」每位讀者想吵架罵人前，先多想幾分鐘，便能省去許多麻煩與困擾。

詐欺．和朋友一起找代購買包，後來發現自己的名牌包竟然是假的！

最近網路直播團購與名牌代購的交易越來越興盛，不少人選擇用團購的方式購買商品，一來，通常價格會比一般通路便宜，再者也可能是該商品較難在一般通路購得，例如特殊鍋子、牛肉生鮮等。透過他人代購也是如此，商品通常會比在臺灣精品專櫃所販售的價格便宜，也常有因在臺灣無法購得該特別款之商品（精品），所以需要依靠代購業者自國外專櫃取得。當你買到直播主推薦的生鮮食品，收到商品後發現食品與直播主所描述的大小有些差異，煮了之後更發現不如直播主所說的肥美又新鮮，口感甚至比大賣場買的還差。這樣能說對方是「詐欺」嗎？

商品好或壞不是評斷「詐欺」的標準

假設對方賣的是售價一千元臺幣、一公斤的高級和牛，結果你購買來一吃大失所望，想要找店家理論。但以市場價來看，差不多重量的高級A5和牛，不可能只賣一千元。雖然你可以向店家主張：「這吃起來根本不是高級A5和牛，你是不是騙人？」但店家可能會回覆：「親愛的顧客，我們商品標示的是日本宮崎特選高級和牛，沒有特別標示是A5和牛喔。」或是直播主不停在臉書直播說：「我們這是××的名錶，和勞力士綠水鬼相比完全不差，戴起來還比勞力士漂亮。」於是你興高采烈下訂單，收到商品後，向直播主大罵：「這是什麼便宜貨？根本不是勞力士！」直播主可能會派小編回應你：「我們這的確是××名錶，但不是勞力士喔。」所以，我們在聽直播主賣東西時，要特別仔細小心，不然以爲自己賺到，以低價買到高級商品，反倒卻讓自己吃虧。因爲《刑法》上詐欺罪的構成要件必須是對方有「施以詐術」之行爲，就是他一開始是傳遞不實資訊拐騙你，讓你陷於認知錯誤而付錢。但部分消費爭議，並非是店家施以詐術，而是店家在商品描述上有技巧性地渲染（例如我的商品超級頂、我的店無敵棒），因爲所謂的「好」、「頂級」、「優秀」，均是價值判斷後的形容，**而每個人價值判斷的標準又不盡相同**，所以這在「詐欺」上會有點模糊的空間而難以成立。但如果是店家販售商品時，保證絕對是「臺灣製造」，最後卻被發現是東南亞製作，臺灣工廠代理，這就有可能會涉及到「詐欺」，因爲該商品是否爲「臺灣製造」，此爲可以確認的事實，若消費者就是衝著「臺灣製造」而買，但最後發現商品卻是他國製造，則「保證」絕對是臺灣製造的店家很有可能被認定爲施詐術的行爲，就有成立《刑法》上「詐欺」罪的疑慮。

刑法

第 339 條第 1 項

意圖爲自己或第三人不法之所有，以詐術使人將本人或第三人之物交付者，處五年以下有期徒刑、拘役或科或併科五十萬元以下罰金。

買奢侈品最好找信譽佳的代購業者或專櫃

前陣子王姓女藝人因涉及「假包」風波，一時甚囂塵上。一個名牌包是眞是假，實際去專櫃購入的人肯定知道，不可能因爲包包看起來很像眞的，它就是眞的。假設你向代購購買了高級家電或是名牌包包，且代購信誓旦旦說「這些絕對是眞品」（詐術），但沒想到被鑑定家或是品牌業者證實當時買的東西是仿冒的，氣不過的你對代購業者提出刑事詐欺的告訴，因爲你是相信「它是眞品」才花了大筆金額購入，卻被品牌業者或鑑定家告知爲假貨。

其實代購發生消費糾紛不少見，有時品質也參差不齊，畢竟代購業者自己也是要賺取價差，對方賣給你的售價基本上和專櫃也不會差太多。但試著想一下，你會不會擔心買到仿冒品？能不能接受品質不如自己預期？若不能，這些都是你不能接受的風險，與其爲了省那一點錢，造成每天提心吊膽地煩惱，實在是不值得。所以，爲了避免風險，買奢侈品或是名牌包包，最好還是去專櫃，那肯定不會有假。且去專櫃購物，才能享受那種尊爵不凡的感受哪（笑），買完還能順便拍照打卡。

第四章——《勞動基準法》

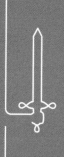

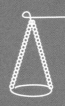

勞基法・

老闆跟我說自己保工會，領的薪水可以比較多，而且我也跟他簽了合約，這樣是合法的嗎？

勞資雙方是否爲僱傭關係是由「從屬性」來判斷

在實務上勞資糾紛會來委任律師的，通常是資方較多。勞方平時要賺錢多不容易，遇到糾紛通常摸摸鼻子算了，也怕自己遭到產業封殺。原則上，有一定規模的公司也多會遵守《勞基法》的標準。

筆者的朋友S剛好遇到一個相當特別的案例，一開始資方對他的說詞是：「如果你自己前往工會保勞健保，我可以同意你想要的薪水。」於是朋友便欣然接受資方提議，並簽了一份「特約聘僱協議書」。為何會簽署「特約聘僱協議書」？判斷應該是因為資方為了避免要負擔員工的勞健保費用。且該「特約聘僱協議書」雖然看起來是份委任合約，但實際上是要完全聽命於資方的僱傭關係。我們判斷是否為僱傭契約，主要看的是「**勞動契約從屬性**」，其從屬性有幾個判斷依據：**一、人格上從屬性；二、經濟上從屬性；三、組織上從屬性；四、其他。**（可參考下文勞動部官網「勞動契約從屬性判斷檢核表」附表）。

朋友就簽署了資方擬訂的「特約聘僱協議書」，三個月過後公司老闆卻告知他要終止雙方的合作，因為他太常不到班。聽聞此訊息的朋友S相當錯愕，根據該份合約：一、本來勞務費用應該是每個月五日一次給付，後來卻被拆分成一個月三次給付，但朋友S沒計較；二、合約開頭雖說甲方為創業夥伴及「員工」，但卻是朋友S

自己吸收勞健保成本，他也沒計較；三、合約載明甲方到班方式爲「不打卡」，其餘同公司規定（朋友S從未看過公司守則，另依相關規定，公司之勞工守則須報備主管機關後，公告實施）；四、合約載明該份合約不設終止期限，若甲、乙任一方欲終止合約或結束合約時，須於二個月前以書面通知對方。所以，朋友S詢問既然是要提前兩個月通知對方解約，那是否要支付兩個月的薪水，資方表示沒有。本來朋友S打算以和爲貴，既然合作結束，就做好交接不再聯繫。沒想到資方卻在朋友S離職後的兩個月間不斷詢問之前他的業務工作進度，以及其他合作對象工作進度。朋友S忍無可忍，認定資方是以「員工」的標準結束合作，卻想避開僱傭關係的責任。

於是朋友S在勞工局官網檢舉資方未幫他保勞健保。致電給勞工局時，勞工局人員同時詢問是要以「實名」檢舉還是「匿名」檢舉。匿名檢舉的優點是，資方不會知道是誰檢舉的，對於擔心自己工作會因此受影響的人可以選擇匿名；而「實名」檢舉就會被資方知道是誰檢舉。但勞工局人員當時向朋友S說，因爲根據他提供的合約來看，像是僱傭關係（例如合約載明符合公司員工規定，屬於人格從屬性的判斷），如果以「實名」檢舉，會更直接有效。所以朋友S勇敢選擇了「實名」檢舉。不到一個月，資方就接到勞工局的抽查，資方相當錯愕，不停要約朋友S出來吃飯聊聊，說：「有什麼事情不能當面談呢？」因朋友S不理會該訊息，資方特別向勞檢申請勞資調解委員會，但朋友S因改過戶籍地址而沒收到通知，卻被資方訊息威脅：「你要是不出席，你就會被罰錢，到時候損失更多喔。」朋友S嚇壞了，馬上致電勞工局，勞工局回覆說：「要不要開罰是我們（勞工局）說了算，不是他說要罰就罰。他這樣威脅你，你也可以截圖保護自己。」最後，朋友S請律師出席調解會，勞工局也來函表示合約與工作型態看來是有勞顧關係可能。無聲無息一個月後，資方的律師突然致電給朋友S的律師，表示他們願意遵照朋友S的要求，只要朋友S願意簽署撤回申請書，這件事才告一段落。所以，無論是正職人員或是打工的人，身爲資方，若期待事業長久經營，**依法應遵守的相關勞動法規還是要遵守，應幫勞方投保的勞健保還是要投保啊**。

撤 回 申 請 書

茲因本人 ○○○　　　　與雇主 ●●●

因之間有關契約性質及勞健保爭議，向貴局提起

勞資爭議調解案，茲因 ☑ 達成協議

☐ 其他因素

申請撤回本勞資爭議案。

　此致

新北市政府勞工局

申請人：○○○　　　　（簽章）

代理人：　　　　　　　（簽章）

聯絡電話：

中華民國　　　年　　　月　　　日

撤回申請書示意圖

投保單位未依規定申報員工參加勞保，或低報員工投保薪資，或未依規定負擔員工保險費用，有無相關罰則？

1. 投保單位未爲其所屬勞工辦理投保手續者，按自僱用之日起，至參加保險之前一日或勞工離職日止應負擔之保險費金額，處四倍罰鍰。勞工因此所受損失，應由投保單位賠償。

2. 投保單位將員工投保薪資金額以多報少或以少報多者，自事實發生之日起，按其短報或多報之保險費金額，處四倍罰鍰，並追繳其溢領給付金額，勞工因此所受損失，應由投保單位賠償。

3. 投保單位未依規定負擔員工保險費，而由被保險人負擔者，按應負擔之保險費金額，處二倍罰鍰。投保單位並應退還該保險費與被保險人。

（資料來源：勞動部勞工保險局官網）

勞動基準法

第 2 條

本法用詞，定義如下：

一、勞工：指受雇主僱用從事工作獲致工資者。

二、雇主：指僱用勞工之事業主、事業經營之負責人或代表事業主處理有關勞工事務之人。

三、工資：指勞工因工作而獲得之報酬；包括工資、薪金及按計時、計日、計月、計件以現金或實物等方式給付之獎金、津貼及其他任何名義之經常性給與均屬之。

四、平均工資：指計算事由發生之當日前六個月內所得工資總額除以該期間之總日數所得之金額。工作未滿六個月者，指工作期間所得工資總額除以工作期間之總日數所得之金額。工資按工作日數、時數或論件計算者，其依上述方式計算之平均工資，如少於該期內工資總額除以實際工作日數所得金額百分之六十者，以百分之六十計。

五、事業單位：指適用本法各業僱用勞工從事工作之機構。

六、勞動契約：指約定勞雇關係而具有從屬性之契約。

七、派遣事業單位：指從事勞動派遣業務之事業單位。

八、要派單位：指依據要派契約，實際指揮監督管理派遣勞工從事工作者。

九、派遣勞工：指受派遣事業單位僱用，並向要派單位提供勞務者。

十、要派契約：指要派單位與派遣事業單位就勞動派遣事項所訂立之契約。

附表

勞動契約從屬性判斷檢核表

本檢核表係供判斷從屬性之參考。任一項目如勾選爲「符合」，代表該項目有從屬性特徵，但程度之高低，仍需視個案事實及整體契約情形判斷。

整體檢核結果，**符合項目越多者**，越可合理推論趨近於勞動契約，但仍需視整體契約內容，及事實上受拘束之程度，綜合判斷。

一、具人格從屬性之判斷

（一）勞務提供者之工作時間受到事業單位之指揮或管制約束

1.1 勞務提供者不能自由決定工作時間及休息時間 □符合 □不符合

1.2 勞務提供者未於工作時間出勤，未請假時會受懲處或不利益待遇（包含停止派單或任意調換工作區域）□符合 □不符合

1.3 勞務提供者上下班應簽到打卡或輔以電子通信設備協助記載

□符合 □不符合

（二）勞務提供者給付勞務之方法須受事業單位之指揮或管制約束

2.1 勞務提供者僅得依事業單位決定的工作執行方式完成工作，違反者，會受懲處或不利益待遇 □符合 □不符合

（三）勞務提供者給付勞務之地點受到事業單位之指揮或管制約束

3.1 勞務提供者不能自由決定提供勞務之處所、路線或區域 □符合 □不符合

3.2 勞務提供者應服從事業單位調派至其他處所、路線或區域提供勞務

□符合 □不符合

（四）勞務提供者不得拒絕事業單位指派之工作

4.1 勞務提供者拒絕事業單位指派的工作會遭受懲處或不利益待遇

□符合 □不符合

（五）勞務提供者須接受事業單位考核其給付勞務之品質，或就其給付勞務之表現予以評價

5.1 勞務提供者的工作表現有接受事業單位之考核的義務 □符合 □不符合

（六）勞務提供者須遵守事業單位之服務紀律（如適用事業單位之工作規則或其他內部規章），並須接受事業單位之懲處

6.1 勞務提供者須遵守事業單位的工作規則或其他內部規範，違反者會受懲處或不利益待遇 □符合 □不符合

（七）勞務提供者須親自提供勞務，且未經事業單位同意，不得使用代理人

7.1 事業單位要求勞務提供者親自從事工作 □符合 □不符合

7.2 事業單位會不定期查核勞務提供者是否親自工作 □符合 □不符合

（八）勞務提供者不得以自己名義，提供勞務

8.1 勞務提供者必須以事業單位名義提供勞務，不能以個人名義招攬業務 □符合 □不符合

8.2 勞務提供者不得以自己名義對外表彰自己所提供之勞務成果，僅能對外表彰事業單位或其負責人之名義 □符合 □不符合

二、具經濟從屬性之判斷

（一）勞務提供者依所提供之勞務，向事業單位領取報酬，而非依勞務成果計酬，無需自行負擔業務風險

1.1 不論勞務提供者有無工作成果，事業單位皆計付報酬 □符合 □不符合

1.2 事業單位依據勞務提供者提供勞務之時間長度及時段計付報酬 □符合 □不符合

1.3 不論事業單位是否收到款項，都自己吸收損失，不影響報酬之計付 □符合 □不符合

（二）提供勞務所需之設備、機器、材料或工具等業務成本，非由勞務提供者自行備置、管理或維護

2.1 勞務提供者被要求必須使用事業單位提供或指定之設備（或工具等）提供勞務 □符合 □不符合

（三）勞務提供者並非爲自己之營業目的，提供勞務

3.1 勞務提供者僅係爲事業單位之事業而貢獻勞力，不須負擔營業風險

□符合 □不符合

（四）事業單位以事先預定之定型化契約，規範勞務提供者僅能按事業單位所訂立或片面變更之標準獲取報酬

4.1 勞務提供者只能按事業單位所訂立的標準獲取報酬，事業單位片面變更報酬標準時，勞務提供者僅能接受 □符合 □不符合

（五）事業單位規範勞務提供者，僅得透過事業單位提供勞務，不得與第三人私下交易

5.1 勞務提供者僅得透過事業單位提供勞務，不得私下與第三人交易，以獲取報酬 □符合 □不符合

三、具組織從屬性之判斷

（一）勞務提供者納入事業單位之組織體系，而須透過同僚分工始得完成工作

1.1 勞務提供者須依事業單位要求定期排班、輪班或值班 □符合 □不符合

1.2 勞務提供者無法獨力完成工作，需與其他同事分工共同完成工作 □符合 □不符合

四、其他判斷參考

1.1 事業單位爲勞務提供者申請加入勞工保險或爲勞務提供者提繳勞工退休金 □符合 □不符合

1.2 事業單位以薪資所得類別代勞務提供者扣繳稅款，並辦理扣繳憑單申報 □符合 □不符合

1.3 事業單位其他提供相同勞務者之契約性質爲勞動契約 □符合 □不符合

（附表來源：勞動部官網，勞動契約認定指導原則附件：勞動契約從屬性判斷檢核表）

勞基法・跟主管說我懷孕了，卻被主管調職，並且降薪

雇主在面試的時候問我有沒有結婚打算

在二〇二二年，某經營飲料店的網紅因說出讓懷孕員工復職當清潔工、警衛等語，引發不小風波。對此，身爲雇主的網紅也有話要說，當時他開直播還原自己認知

當時情況，反控該懷孕員工同意被資遣，竟然還跟勞工局檢舉。

該網紅表示女性新員工進公司前，都會被要求填寫是否懷孕或計畫近期懷孕，**此女員工當時卽表示短期內並沒有打算生孩子**，想不到就職才半年後便懷孕，常因身體不適請病假，導致工作進度停擺。

該網紅和公司主管討論後，決定資遣這名懷孕員工，並稱一切流程按照《勞基法》規定，女方也同意離職，簽妥「非自願離職單」和拿遣散費，再向勞工局申請「非自願失業救濟金」。當該網紅覺得一切都沒問題時，其公司卻被該名懷孕女員工檢舉「因開除孕婦，涉及職場性別歧視」。

但由前述該網紅的直播內容明顯可以得知，他在應徵員工時可能觸犯《**就業服務法**》**和**《**性別工作平等法**》。雖然人（雇主）或多或少會因爲看這個求職者符不符合自己的眼緣和外貌來做評估，尤其是工作內容是需要面對許多顧客等理由，但這種評估建議還是放心中即可，可不能直接詢問求職者，否則就很有可能違反《就業服務法》第5條。同樣雇主也不能因爲員工性別或性傾向而在工作內容安排上有差別待遇，例如，認定同性戀無法協助販售公司給異性戀的商品。

懷孕在意料之外，老闆卻將我調離現職，甚至降薪

關於公司能否任意將員工之職務調動，我們舉個例子來說：如果你原本的工作內容在身體的負擔上較重，老闆擔心你的身體負荷不了，而調動至較爲輕鬆之職位，這原則上是沒有問題的，符合《勞動基準法》第10之1條第3款：「調動後工作爲勞工體能及技術可勝任」、第4款：「調動工作地點過遠，雇主應予以必要之協助」、第5款：「考量勞工及其家庭之生活利益」，擔心可能因爲工作爬上爬下，而讓你受傷。但調降薪資則是不行的，因爲這已涉及勞動契約內之工資和勞動條件的約定，除非訂立新契約，否則舊契約是不能隨意更動的。如果眞的發生這樣的事，建議先搜集證據，包括E-mail、訊息或其他紀錄，證明雇主因得知你懷孕而將你降薪。先好好和雇主談談，如雇主執意爲之，則可以上「勞動部」官網線上申訴或是撥打勞動部1995勞工諮詢申訴專線以維護你的權益。

勞動基準法

第 10-1 條

雇主調動勞工工作，不得違反勞動契約之約定，並應符合下列原則：

一、基於企業經營上所必須，且不得有不當動機及目的。但法律另有規定者，從其規定。
二、對勞工之工資及其他勞動條件，未作不利之變更。
三、調動後工作爲勞工體能及技術可勝任。
四、調動工作地點過遠，雇主應予以必要之協助。
五、考量勞工及其家庭之生活利益。

就業服務法

第 5 條

爲保障國民就業機會平等，雇主對求職人或所僱用員工，不得以種族、階級、語言、思想、宗教、黨派、籍貫、出生地、性別、性傾向、年齡、婚姻、容貌、五官、身心障礙、星座、血型或以往工會會員身分爲由，予以歧視；其他法律有明文規定者，從其規定。

性別工作平等法

第 7 條

雇主對求職者或受僱者之招募、甄試、進用、分發、配置、考績或陞遷等，不得因性別或性傾向而有差別待遇。但工作性質僅適合特定性別者，不在此限。

第 8 條

雇主爲受僱者舉辦或提供教育、訓練或其他類似活動，不得因性別或性傾向而有差別待遇。

第 9 條

雇主爲受僱者舉辦或提供各項福利措施，不得因性別或性傾向而有差別待遇。

第 10 條

雇主對受僱者薪資之給付，不得因性別或性傾向而有差別待遇；其工作或價值相同者，應給付同等薪資。但基於年資、獎懲、績效或其他非因性別或性傾向因素之正當理由者，不在此限。

雇主不得以降低其他受僱者薪資之方式，規避前項之規定。

性別工作平等法

第 11 條

雇主對受僱者之退休、資遣、離職及解僱，不得因性別或性傾向而有差別待遇。

工作規則、勞動契約或團體協約，不得規定或事先約定受僱者有結婚、懷孕、分娩或育兒之情事時，應行離職或留職停薪；亦不得以其爲解僱之理由。

違反前二項規定者，其規定或約定無效；勞動契約之終止不生效力。

第五章——家事法

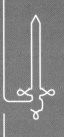

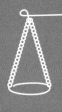

婚姻．被家暴該如何處理？

二〇二二年有網紅被妻子家暴，大眾發現男性被家暴的嚴重度一點也不輸給女性。今年（二〇二三）年初又有女藝人指出遭到丈夫家暴，當日驗傷，而後在社群貼出有被馬賽克的保護令。但該女藝人的丈夫不久便張貼沒有遭到馬賽克的保護令，保護令內容顯示雖是女藝人先踢腳請丈夫去做家事，但她的丈夫因此惱怒，而用腳踹該女藝人、在胸口以上多處揮拳。因爲這是明確的「家庭暴力行爲」，因此核發有效期限六個月的保護令，這名丈夫六個月內不得對該女藝人實施身體上的控制、騷擾和脅迫。其保護令核發是根據**《家庭暴力防治法》第14條**第1項，在確認一方有家庭暴力行爲，都可向法院聲請保護令。只要對方有動過一次手，就算是有暴力行爲，但若法院視爲只偶發一次，**不一定**會認爲有核發保護令之必要性，故還是會看客觀狀況來判斷。假設對方動手的那一次已經讓你有明顯傷口甚至見血，亦不排除未來仍有暴力行爲的可能，這不僅可以聲請核發保護令，對方還有觸犯**傷害罪的**可能。

每天被言語羞辱也算家暴嗎？

人在情緒上而有言語衝突

> **家庭暴力防治法**
>
> **第2條第1款**
>
> 家庭暴力：指家庭成員間實施身體、精神或經濟上之騷擾、控制、脅迫或其他不法侵害之行爲。
>
> **刑法**
>
> **第277條第1項**
>
> 傷害人之身體或健康者，處五年以下有期徒刑、拘役或五十萬元以下罰金。

在所難免，也可能因為一時氣憤而動粗。第一次的家暴行為通常蒐證不易，因為大家不可能隨時都在錄音錄影，但如遇到家暴且有明顯的外傷時，建議立即出門報警，這時警方就會請你做筆錄，問你的傷如何來。如確認此傷是由家人造成（有暴力行為照片或驗傷單），則可申請保護令*，讓對方無法再傷害你。

另一種家暴則是動口不動手，是長時間的羞辱，例如罵對方：「連那麼簡單的事也不懂，你腦子是裝屎嗎」、「養你們母女還不如養一隻豬，至少還有一點用處」、「去上班一定要穿裙子嗎？你是妓女嗎」、「×××，小心我殺你全家」。以往家庭成員面對言語暴力雖處於極大壓力，但通常選擇隱忍，言語暴力也屬家庭暴力的一種。不過，第一次遇到言語暴力時，通常還來不及蒐證，就已經被對方罵得狗血淋頭。不過，暴力行為通常有第一次，就會有第二次，如果知道你的交往對象有暴力行為，記得錄音、錄影或準備其他蒐證行為。以上除了是言語家暴外，還牽扯到**誹謗罪、恐嚇罪**。你的蒐證就會成為相當重要的證據，或是時常向親友談到對方的言語暴力行為這也是證據之一。發生家暴行為（有蒐證下），**務必立即或在事發幾天內**報警處理。

如果是男性遇到家暴行爲，最好做法也是立即蒐證。以大衆看法，通常男性力氣不會小於女性，會認爲男生要還手，怎麼可能輸給女生。但女性家暴男性的事實還是存在的，可能是男性選擇不還手或退讓，而被女性家暴。萬一衝突發生，建議採用以

＊編者註：

誰可提出聲請保護令：

1. 緊急保護令：基於被害人有遭受家庭暴力的急迫危險，由檢察官、警察機關或各直轄市、縣（市）主管機關以書面、言詞、電信傳真或其他科技設備傳送方式向法院聲請，且法院應於受理聲請後四小時之內核發。
2. 暫時保護令：爲保護被害人，在「通常保護令」審理終結前，法院得依被害人、檢察官、警察機關或各直轄市、縣（市）主管機關書面聲請或依其職權核發暫時保護令，因此，「暫時保護令」主要是爲填補「普通保護令」審理期間，家庭暴力尚未達急迫危險程度時，被害人人身安全可能的保護空窗期。
3. 通常保護令：由被害人、檢察官、警察機關或各直轄市、縣（市）主管機關以書面向法院提出聲請，經法院審理後核發之。

（參考資料來源：衛生福利部保護服務司）

下方式：一、可以選擇離開現場，讓彼此冷靜，因爲吵架或打架，爭的不是事情對錯，而是短暫的輸贏，也解決不了問題；二、冷靜後與對方好好溝通；三、就算當下一方退讓了，搞不好也只是假意屈服，未來還是默默蒐證。以法律立場，建議隨時保持冷靜理性的處理方式，若眞有必要，好好地蒐證保護自己；以心靈健康立場，我們建議，有毒的關係，當斷則斷，以絕後患。

柏洋律師
溫暖提醒

受到家暴千萬不要隱忍

每個人都是獨立的個體，擁有自己的思考想法，故人與人相處偶爾出現意見分歧而吵架是難免的。但如果對方行為嚴重偏差，例如長期對你言語或肢體暴力，那就不是合理的行為，可能會讓你長期處於恐懼、能量極低等心理狀態，面對此種情形，長期隱忍絕對不是好的做法。發生暴力行為當下或許因為人還在情緒中，無法做出合理判斷；也可能想自己再忍個幾次，對方或許會改。但不要等到事情發生後半年，你才突然想要控告對方的家暴行為，審理案件的法官可能會認為，那表示這半年對方沒有暴力行為，或你已經原諒對方了，所以這半年你才沒有任何動作。同時注意是否有告訴期間的限制，如果對方罵的內容涉及公然侮辱罪與誹謗罪，這兩者皆屬告訴乃論罪，那麼以告訴權人知悉犯人時開始起算「**六個月內**」為提告期間，所以過了半年要去控訴家暴是沒有用的，也可能影響到法官審酌保護令的考量。

保護令的效用

保護令效用包括（《家庭暴力防治法》第14條第1項）：

一、禁止相對人對於被害人、目睹家庭暴力兒童及少年或其特定家庭成員實施家庭暴力。

二、禁止相對人對於被害人、目睹家庭暴力兒童及少年或其特定家庭成員為騷擾、接觸、跟蹤、通話、通信或其他非必要之聯絡行為。

三、命相對人遷出被害人、目睹家庭暴力兒童及少年或其特定家庭成員之住居所；必要時，並得禁止相對人就該不動產為使用、收益或處分行為。

四、命相對人遠離下列場所特定距離：被害人、目睹家庭暴力兒童及少年或其特定家庭成員之住居所、學校、工作場所或其他經常出入之特定場所。

五、定汽車、機車及其他個人生活上、職業上或教育上必需品之使用權；必要時，並得命交付之。

六、定暫時對未成年子女權利義務之行使或負擔，由當事人之一方或雙方共同任之、行使或負擔之內容及方法；必要時，並得命交付子女。

七、定相對人對未成年子女會面交往之時間、地點及方式；必要時，並得禁止會面交往。

八、命相對人給付被害人住居所之租金或被害人及其未成年子女之扶養費。

九、命相對人交付被害人或特定家庭成員之醫療、輔導、庇護所或財物損害等費用。

十、命相對人完成加害人處遇計畫。

十一、命相對人負擔相當之律師費用。

十二、禁止相對人查閱被害人及受其暫時監護之未成年子女戶籍、學籍、所得來源相關資訊。

十三、命其他保護被害人、目睹家庭暴力兒童及少年或其特定家庭成員之必要命令。

婚姻・丈夫擺爛不養家，可以訴請婚姻無效嗎？

相愛的伴侶可能因爲生活習慣的差異，而讓兩個人漸行漸遠，強勢的一方可能會大吵大鬧，弱勢的一方可能默默忍讓。如果兩個人不好好溝通，有時一方爲了逃避這種僵局，開始各種對抗、冷戰，或擺爛行爲不養家，甚至不回家獨自在外逍遙。依據《民法》第1003-1條即有明文規定，關於家庭生活費用，原則上是由夫妻各依其經濟能力、家事勞動或其他情事分擔之。且此費用所生之債務，由夫妻負連帶責任。又依據《民法》第1010條，如果依法應給付家庭生活費用而不給付時，或夫妻間金錢財物上發生糾紛之重大事由，另一方可以向法院聲請改為「分別財產制」（需準備的資料列於後方）。如此的好處就是彼此財產分離，如果要離婚也較不會有金錢牽扯，再來是債務歸個人，不會牽連對方。但這通常對收入高的那一方較有利，如果你收入較低或是沒收入，自然就較為不利。如果丈夫因逃避某些問題，或是出軌而長時間不回家，這就算是《民法》第1052條第1項第5款的「**夫妻之一方以惡意遺棄他方在繼續狀態中**」就可以向法院請求離婚。但要不要選擇離婚，這是個不容易的決定，考量諸多，一來可能雙方有小孩，二來可能自己是經濟弱勢的一方，如果有離婚的打算，也許向律師諮詢過再決定，會是較好的選擇。

夫妻財產制契約「訂約登記」之聲請及應備文件

一、夫妻財產制契約登記聲請書

（一）請聲請人先於司法院網站下載夫妻財產制契約登記聲請書一份，逐欄詳細填寫並簽名蓋印鑑章後，由夫妻雙方親自到院辦理或委任非訟代理人辦理

（夫妻不得委任同一人代理，亦不得委任他方代理）。

（二）例外：夫妻財產制契約經公證者，得由一方聲請之。

二、聲請費用新臺幣一千元

三、應備文件

（一）夫妻財產制契約書正本一份——請依約定財產制中之分別財產制、共同財產制或所得共同財產制，選擇其一訂定書面契約。

（二）夫妻國民身分證正、影本（正本核對後當場發還，影本註明「與正本無異」並蓋章）。

（三）最近一個月申請之戶籍謄本（記事欄應有結婚日期之記載）：向戶政事務所申請，夫妻不同戶籍者，各檢附一份。

（四）最近一個月申請之印鑑證明：向戶籍所在地之戶政事務所申請，夫妻各檢附一份。

（五）印鑑章：印鑑證明蓋用之印章（以後提出於法院之文書，應爲同式之印鑑章）。

（六）財產目錄及證明文件：（文件如為影本，均應提出正本核對）。

不動產清冊：土地、建物（房屋）登記簿謄本（向地政事務所申請）各一份，請依據土地、建物謄本上之記載，填寫於「財產清冊」。

動產清冊

存款：存款簿、定存單、銀行或郵局開立之存款證明等。

汽、機車：提出汽、機車行照影本。

投資清冊

股票：發行股票之公司開立之持股證明或股票集保存簿等。

股權：商業登記抄本正本、公司設立（變更）登記事項表或其他有價證券等證明文件。

（七）如委任代理人，應出具委任狀，並提出代理人身分證正、影本（正本核對後當場發還，影本註明「與正本無異」並蓋章）。

（資料來源：「司法院」官網）

民法

第 1003-1 條

家庭生活費用，除法律或契約另有約定外，由夫妻各依其經濟能力、家事勞動或其他情事分擔之。

因前項費用所生之債務，由夫妻負連帶責任。

第 1010 條

夫妻之一方有下列各款情形之一時，法院因他方之請求，得宣告改用分別財產制：

一、依法應給付家庭生活費用而不給付時。

二、夫或妻之財產不足清償其債務時。

三、依法應得他方同意所爲之財產處分，他方無正當理由拒絕同意時。

四、有管理權之一方對於共同財產之管理顯有不當，經他方請求改善而不改善時。

五、因不當減少其婚後財產，而對他方剩餘財產分配請求權有侵害之虞時。

六、有其他重大事由時。

夫妻之總財產不足清償總債務或夫妻難於維持共同生活，不同居已達六個月以上時，前項規定於夫妻均適用之。

民法

第 1052 條

夫妻之一方，有下列情形之一者，他方得向法院請求離婚：

一、重婚。

二、與配偶以外之人合意性交。

三、夫妻之一方對他方爲不堪同居之虐待。

四、夫妻之一方對他方之直系親屬爲虐待，或夫妻一方之直系親屬對他方爲虐待，致不堪爲共同生活。

五、夫妻之一方以惡意遺棄他方在繼續狀態中。

六、夫妻之一方意圖殺害他方。

七、有不治之惡疾。

八、有重大不治之精神病。

九、生死不明已逾三年。

十、因故意犯罪，經判處有期徒刑逾六個月確定。

有前項以外之重大事由，難以維持婚姻者，夫妻之一方得請求離婚。但其事由應由夫妻之一方負責者，僅他方得請求離婚。

我要離婚！小孩監護權（親權）、贍養費我都要！

有時結婚靠的是衝動，離婚也是。因此有的人和對方談離婚後，信心滿滿可以擁有小孩監護權和贍養費，最後法院判決結果卻不如他意。說離婚容易，但要擁有自己「想要」的權利不簡單。以贍養費來說，是對於離婚無過失的一方，因判決離婚而陷於生活困難時，方得請求贍養費。法院會評估雙方目前收入、財產及其他個人經濟能力。也就是說，雖然現在你的收入比先生少，也不代表你能獲得較高的贍養費。若你本身有工作能力，並不會因為離婚而使生活陷入困頓，也不見得能拿到贍養費。另外，如果對方是每天閒閒無事在家，也沒有照顧小孩，而你每天辛苦工作，對方還每天向自己要錢，難道離婚他也能拿到我的財產嗎？這部分《民法》也有補充說明，如果你能證明對方平時奢侈浪費，對於婚姻生活沒有貢獻與協力，法官會對於權益分配多寡做出調整，情況嚴重者甚至可以對方無法分配到財產。

而小孩的監護權，也不是自己說了算，根據《民法》第1094-1條規定，法院選定或改定監護人時，應依受監護人之最佳利益，審酌一切情狀。另《家事事件法》第106條明文：「法院爲**審酌子女之最佳利益**，得徵詢主管機關或社會福利機構之意見、請其進行訪視或調查，並提出報告及建議。」評估根據通常會考量誰是小孩的主要照顧者，以及誰能給小孩較好的成長環境等事項，簡單地說，其上位概念

民法

第 1030-1 條

法定財產制關係消滅時，夫或妻現存之婚後財產，扣除婚姻關係存續所負債務後，如有剩餘，其雙方剩餘財產之差額，應平均分配。但下列財產不在此限：
一、因繼承或其他無償取得之財產。
二、慰撫金。
夫妻之一方對於婚姻生活無貢獻或協力，或有其他情事，致平均分配有失公平者，法院得調整或免除其分配額。
法院爲前項裁判時，應綜合衡酌夫妻婚姻存續期間之家事勞動、子女照顧養育、對家庭付出之整體協力狀況、共同生活及分居時間之久暫、婚後財產取得時間、雙方之經濟能力等因素。
第一項請求權，不得讓與或繼承。但已依契約承諾，或已起訴者，不在此限。
第一項剩餘財產差額之分配請求權，自請求權人知有剩餘財產之差額時起，二年間不行使而消滅。自法定財產制關係消滅時起，逾五年者，亦同。

就是「子女最佳利益」。所以，如果確定要和對方離婚，又想爭取自己想要的權益時，可能就要好好搜集對自己有利的資料。但若爭取不到監護權，建議也不要過於失望、沮喪，畢竟，法官就「子女最佳利益」爲判斷，並不是對與錯的選擇，離婚的雙方都能眞正就「子女最佳利益」爲考量，眞心讓子女在最好的環境、狀況下生活成長，這才是子女之福。

民法

第 1057 條

夫妻無過失之一方，因判決離婚而陷於生活困難者，他方縱無過失，亦應給與相當之贍養費。

第 1094-1 條

法院選定或改定監護人時，應依受監護人之最佳利益，審酌一切情狀，尤應注意下列事項：

一、受監護人之年齡、性別、意願、健康情形及人格發展需要。
二、監護人之年齡、職業、品行、意願、態度、健康情形、經濟能力、生活狀況及有無犯罪前科紀錄。
三、監護人與受監護人間或受監護人與其他共同生活之人間之情感及利害關係。
四、法人爲監護人時，其事業之種類與內容，法人及其代表人與受監護人之利害關係。

家事事件法

第 99 條

請求家庭生活費用、扶養費或贍養費，應於準備書狀或於筆錄載明下列各款事項：

一、請求之金額、期間及給付方法。

二、關係人之收入所得、財產現況及其他個人經濟能力之相關資料，並添具所用書證影本。

聲請人就前項數項費用之請求，得合併聲明給付之總額或最低額；其聲明有不明瞭或不完足者，法院應曉諭其敘明或補充之。

聲請人爲前項最低額之聲明者，應於程序終結前補充其聲明。其未補充者，法院應告以得爲補充。

第 100 條

法院命給付家庭生活費、扶養費或贍養費之負擔或分擔，得審酌一切情況，定其給付之方法，不受聲請人聲明之拘束。

前項給付，法院得依聲請或依職權，命爲一次給付、分期給付或給付定期金，必要時並得命提出擔保。

法院命分期給付者，得酌定遲誤一期履行時，其後之期間視爲亦已到期之範圍或條件。

法院命給付定期金者，得酌定逾期不履行時，喪失期限利益之範圍或條件，並得酌定加給之金額。但其金額不得逾定期金每期金額之二分之一。

家事事件法

第 106 條

法院為審酌子女之最佳利益，得徵詢主管機關或社會福利機構之意見、請其進行訪視或調查，並提出報告及建議。
法院斟酌前項調查報告為裁判前，應使關係人有陳述意見之機會。但其內容涉及隱私或有不適當之情形者，不在此限。
法院認為必要時，得通知主管機關或社會福利機構相關人員於期日到場陳述意見。
前項情形，法院得採取適當及必要措施，保護主管機關或社會福利機構相關人員之隱私及安全。

離婚・如果雙方簽了離婚協議書，另一方後來反悔，這樣可以撤銷或主張無效嗎？

簽了離婚協議書還會無效？

基本上兩人辦理離婚，只要一、**訂立書面契約**（一式三份），也就是離婚協議書。二、**契約上要有兩人以上證人之簽名**。最後，兩個人拿著契約，約定好時間向戶

政機關辦理離婚登記就完成了（雙方都要到場）。

一般的離婚協議書會有以下內容：當事人（夫妻雙方）基本資料、表明雙方同意離婚、未成年子女權利義務的行使或負擔（監護權、親權）、未成年子女會面交往的方式（探視權）、未成年子女的扶養費、贍養費、剩餘財產分配。加上兩位以上證人簽名，這兩位證人雖然不一定要是親朋好友，也必須是要**親自見聞**到當事人雙方有離婚的意思才可以。離婚協議書上方也要有當事人雙方的簽名與日期。

但實務上確實有雙方辦妥離婚手續，卻被男方提出「**離婚無效**」之訴。此案男方指控當初離婚協議書上的證人簽名，是妻子在網路找到專門「離婚見證服務」之人。案子經法官審理後認爲，**離婚協議書上兩名證人**都證稱沒親自見聞男方的離婚意願，而妻子也無法證明她有轉達，因此判定兩造仍有夫妻關係，全案可上訴。所以，雖然雙方已經簽好離婚協議書，也要注意對方或自己找的證人是否**清楚雙方的離婚意願**，否則可能讓「離婚無效」。

已經簽好離婚協議書，還能反悔而要求撤銷或主張無效嗎？

雙方已簽署了離婚協議書，通常該協議書會視爲離婚協議的具體內容證明。然而，如果其中一方在簽署後，過了幾天突然反悔，難道要依照對方的方式改到好嗎？其實簽「離婚協議書」和面對簽署其他合約是同樣道理。就如同簽約買房、賣車等，分明已經找了仲介、代書見證下，雙方同意簽署合約，但事後自己可能看了什麼資訊，聽了什麼風聲，就覺得當下買的價錢太高了、認爲自己被坑了，或是賣出的價錢太低了、早知道價錢就定高一點，於是各種懊悔，但你能證明自己是因爲被「騙」而簽署合約嗎？離婚也是，可能過了幾天，覺得自己給太多了，或是其實只是想想吵吵架、嚇嚇對方，根本沒有想要離婚。上述合約簽署相關問題可以參考本書第八章的「**契約審閱要領**」。

針對已經簽訂「離婚協議書」的反悔，通常目的就是想訴請「離婚無效」。但假設要離婚的兩人都有一定的社經地位、經濟能力不差，甚至是名人，在協議離婚前，通常會**諮詢律師**，協議中的高額條件與監護權的約定也必然是雙方看過且同意，律師也同樣會提醒需要兩位知情的證人簽名，最後才把離婚協議書拿去戶政事務所辦理離婚登記。因此在一般的狀況下，是很**難**有「誘騙」簽署離婚協議書事情發生。而協議書中若有房產分配，通常會約定是「剩餘財產分配」若已經給了，若反悔就要看有沒有無效或得撤銷的事由，如果沒有，那就無法撤銷。若認定房產分配是單純「贈與」，即使婚姻是因爲證人無親自見聞而無效，但協議書畢竟是雙方簽署，那有可能也只是協議書中離婚部分無效，並不影響協議書其他協議。

但的確也有可能某一方是被脅迫下簽署離婚協議書，例如，一方帶著三名彪形大漢闖入住家，要求你簽署離婚協議書，否則就對你不利。這就可依據**民法第92條**訴請撤銷此離婚協議。

其實有時我們買件衣服、化妝品，回家後常會覺得「其實我不該被櫃姐洗腦，買了一堆化妝品組合，但很多根本用不到，還被朋友笑」而懊惱不已，但你能說我被櫃姐騙才消費嗎？詐欺之要件必須是「施以詐術」，就是以錯誤、隱匿或傳遞不實的資訊，使你陷於錯誤而購買，因而交付金額、錢財，如此才能構成。回到婚姻，兩人會協議離婚，肯定有一方隱忍或不滿婚姻已久，爲了想要離婚，好聚好散，和對方好言相勸，自己會照顧好小孩，我只要現在住的地方和哪一棟房子以後給我和小孩養老就好了。兩方可能心平氣和下簽了離婚協議書，並且辦妥離婚手續。回家後，男方突然接到母親的電話：「聽說你離婚？你給了對方什麼？你是傻子嗎？給對方太多了吧，你一定是被那女人給騙了！」隔一天，母親又打來：「我不管喔，你去把那個房子和小孩要回來喔。小孩是姓我們家的，憑什麼給她？」本來平靜的心，也起了波瀾，突然覺得自己的付出很傻，母親的話有點道理。反悔當初的決定，於是委任律師，說自己被女方誘騙要訴請「離婚無效」。坦白說，要在法庭上證明遭對方誘騙並不容易，除非有確切的「誘騙」證據或是兩位證人確實沒有見聞過他們雙方要離婚的事。

民法

第 92 條

第 1 項：因被詐欺或被脅迫而爲意思表示者，表意人得撤銷其意思表示。但詐欺係由第三人所爲者，以相對人明知其事實或可得而知者爲限，始得撤銷之。

第 2 項：被詐欺而爲之意思表示，其撤銷不得以之對抗善意第三人。

我們每天可能都要做許多的選擇與決定，也可能常在反悔，後悔當初怎麼認識了渣男、當初爲何答應老闆分派的艱難業務或是當初怎麼會和廠商簽了不平等的合作條約，簡直喪權辱國！所以無論是離婚協議書或是其他與自己利益相關的合約，務必詳細審閱合約內文以及不要在衝動下做重大決定。

家事事件法

第 6 條

第 1 項：法院受理家事事件之全部或一部不屬其管轄者，除當事人有管轄之合意外，應依聲請或依職權以裁定移送於其管轄法院。但法院爲統合處理事件認有必要，或當事人已就本案爲陳述者，得裁定自行處理。

第 2 項：法院受理有管轄權之事件，爲統合處理事件之必要，經當事人合意者，得依聲請以裁定移送於相關家事事件繫屬中之其他法院。

第 3 項：對於前項移送之裁定，得爲抗告。

第 4 項：移送之聲請被駁回者，不得聲明不服。

第 5 項：移送之裁定確定後，受移送之法院不得以違背專屬管轄爲理由，移送於他法院。法院書記官應速將裁定正本附入卷宗，送交受移送之法院。受移送之法院，應即就該事件爲處理。。

家事事件法

第 56 條

確認婚姻無效、撤銷婚姻、離婚或確認婚姻關係存在或不存在事件，得依第四十一條第二項規定爲請求之變更、追加或反請求者，不得另行請求。其另行請求者，法院應以裁定移送於訴訟繫屬中之第一審或第二審法院合併裁判，並適用第六條第二項至第五項之規定。

第 41 條

第 1 項：數家事訴訟事件，或家事訴訟事件及家事非訟事件請求之基礎事實相牽連者，得向就其中一家事訴訟事件有管轄權之少年及家事法院合併請求，不受民事訴訟法第五十三條及第二百四十八條規定之限制。
第 2 項：前項情形，得於第一審或第二審言詞辯論終結前爲請求之變更、追加或爲反請求。

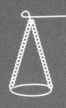

第六章——

《性騷擾防治法》、《性侵害防治犯罪法》、《跟蹤騷擾防制法》

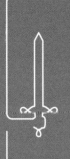

職場性騷擾・

主管老是對我說一些無聊的黃色笑話，非常不舒服

通常會性騷擾他人的人，都有固定下手對象的樣子，例如年齡、樣貌等。而性騷擾的舉證通常不易，因為我們不可能隨時隨地都在錄音錄影。如果只有發生一次，要能指控對方性騷擾的成功機率不高。如果是在職場上遇到性騷擾，有些公司本身有性平單位，則會先做出初步的懲處。

因為性騷擾的舉證相當困難，所以此時「被害人的說法」就非常重要，以刑事案

件來說亦是，會根據被害人的說法，去詢問行爲人。如果行爲人一概否認，且沒有找到**客觀證據**，那麼被害人申訴成功機率就會相對減低非常多。所以我們在職場上，若遇到同事或是主管老是和你聊關於「性」的話題，或是有不當的身體接觸時，第一時間若來不及反應，事後還是可以明確告知對方自己感受不佳。若你告知後，對方還是置之不理、持續騷擾，那麼你就可以採取必要的蒐證。但注意，若要錄音、錄影，應避免針對他人間之對話，及其空間最好是三人以上的開放空間。

之前開玩笑可以，爲什麼現在開玩笑我就要被告？

關於「性騷擾」的定義，根據《性騷擾防治法》第一章第2條中的說明，性騷擾，是指性侵害犯罪以外，對他人實施違反其意願而與**性或性別**有關之行爲，且有下列情形之一者：「一、以該他人順服或拒絕該行爲，**作爲其獲得、喪失或減損**與工作、教育、訓練、服務、計畫、活動有關權益之條件。二、以**展示或播送文字、圖畫、聲音、影像或其他物品**之方式，或以**歧視、侮辱之言行，或以他法**，而有損害他人人格尊嚴，或造成使人心生畏怖、感受敵意或冒犯之情境，或不當影響其工作、教育、訓練、服務、計畫、活動或正常生活之進行。」第一項的白話來說，就是不能威脅他人，例如：「如果你不跟我上床，你就會失去這份工作。」第二項白話來說，即是傳播與性相關的言語玩笑或是圖片、影片讓對方感到被冒犯和害怕。

但許多被告性騷擾的人時常疑惑：「以前跟他說黃色笑話就沒事，一年之後才來說我性騷擾，什麼意思啊？」這樣的案件通常最後也會以「不起訴」作結，因爲性騷擾罪爲告訴乃論罪，需在6個月內提告，且檢察官和法官根據證據判斷，爲什麼原告（當事人）在被性騷擾的當下或是一年內沒有拒絕或是任何反抗，而是超過一年再來告對方？有些原告也覺得委屈，爲什麼長期被性騷擾，卻無法懲治性騷擾的人。其實，很多人一開始被性騷擾時並不會馬上發現自己被欺負，尤其是身處職場，有時候會懷疑是不是自己想太多，想著大事化小、息事寧人爲好。但隱忍或是笑笑帶過，只是讓「加害者」認爲「你是同意的，這樣對待你是開心的」等錯覺，如果感覺不舒服，一定要**適時制止對方**，穩定的工作固然重要，但長時間的隱忍，可能會助長加害者的行爲。且無論男、女對象外在條件如何，不正當的騷擾行爲就是錯誤，隱忍到最後爆料或是打官司鬧大，卻得到網友回應「女主管這麼正，你不要我要」、「男老師是不是很帥？是被甩了在不甘心吧」、「現在才要告人家，是不是想要錢啊」。不僅無法獲得輿論支持，也很難讓法官認定性騷擾的成立。

性騷擾成立與否也會考慮雙方過往互動方式。如果某位女性在社群網站上傳一張裸露的照片，A男按讚外，還私訊該女：「你眞騷，平常做愛都喜歡什麼姿勢，要不要跟我試

性騷擾防治法

第 2 條

家本法所稱性騷擾，係指性侵害犯罪以外，對他人實施違反其意願而與性或性別有關之行爲，且有下列情形之一者：

一、以該他人順服或拒絕該行爲，作爲其獲得、喪失或減損與工作、教育、訓練、服務、計畫、活動有關權益之條件。

二、以展示或播送文字、圖畫、聲音、影像或其他物品之方式，或以歧視、侮辱之言行，或以他法，而有損害他人人格尊嚴，或造成使人心生畏怖、感受敵意或冒犯之情境，或不當影響其工作、教育、訓練、服務、計畫、活動或正常生活之進行。

試看？」B男也按讚，同時還傳A片給該女。單純看上述行爲，兩名男子的留言都與「性」相關，但無法單就這樣行爲就認定爲性騷擾。如果A男和該女平日並無往來，A男傳性暗示的訊息被該女**制止多次**，那他此次的行爲就可能構成性騷擾；而B男和該女平時就會互相開黃色玩笑，B男此次傳A片給該女的行爲便很難構成性騷擾。

人與人相處主要還是「尊重」彼此，就算雙方已是曖昧階段也是如此，雖然彼此相談甚歡，但要進一步身體接觸時，還是要留意對方的意願，而不是一廂情願認爲：「對方願意跟我出來，一定也是對我有意思。」對方的善良得體，並不代表等同於喜歡你。同時，「得失心」也不要太重，對方有可能最後與你拒絕往來，這時候惱羞成怒上網討拍，只會成爲一個笑話。無論是朋友或是同事、上司下屬，只要對方的言行讓你感受不舒服，一定要立即制止對方，才不會讓對方誤會，而讓自己有苦難言。

性騷擾防治法・奇怪，那你為什麼不報警？

今年（二〇二三）六月開始不斷爆出許多性騷擾醜聞，每日都有新事件，星火燎原一發不可收拾。從政壇、文藝圈、演藝圈等無一倖免，其實職場上對於女性的不友善古今中外皆然，相信有許多至今依然無法勇敢開口的受害者。前篇我們有解釋過性騷擾的定義，即是指性侵害犯罪以外，對他人實施違反其意願而與**性或性別**有關之行爲。簡單來說是：一、利用權勢向對方表示「如果你不讓我摸，我就會讓你無法升官、失去工作」；二，傳播性與性別的圖片向對方開玩笑，讓對方感受不適。或是言語提及性與性別相關的言論，讓對方不適，就是性騷擾。在你沒有很熟識對方之前，最好不要隨便開玩笑，可能你覺得好笑的黃色笑話，對對方來說非常困擾。

既然被性騷擾，爲何不去報警？

性騷擾犯罪屬於告訴乃論，若要報警，需要在**六個月內**向警方報案。但實際上每個人要隨時準備錄音、錄影很難，所以一旦遇上性騷擾事件，不一定每一個人當下都能會意過來，有人甚至過了好一陣子才發現原來自己被性騷擾，更糟的是後來發現原來自己面對是強制猥褻。例如，由來已久的公車癡漢，趁車上人多，被害人無法抵抗，或是被害人已經明顯抗拒，加害人依然持續上下其手，這**可能**不僅僅會構成性騷擾，而是觸犯《刑法》的**強制猥褻罪**（二〇二〇年曾有一新聞案例，當時加害人在搭乘海岸線的客運時，見一名二十多歲的同座女子柔弱可欺，在車上摸她的手臂、身體，並以手搓捏她的胸部得逞，後被臺灣臺東地方法院判決行爲人成立強制猥褻罪，處有期徒刑十個月）。

突然遇到公車癡漢或是冷不防被熟識的人性騷擾，部分的被害人無法當下做出太大的反應，可能是**當下過於震驚，同時也感到困惑**，也或許像是筆者一樣，對於加害人的行爲無法理解——筆者學生時期沒有智慧型手機，當時也不懂原來對方正在用生殖器磨蹭自己。上述新聞案例也是被害女子在工作處被同事察覺表現怪異，才得知她所遇到的事，並通報她的母親與報警，由警方調閱公車上之監視器，查出加害人猥褻行爲。如果她的同事沒發現她行爲怪異，那她會否選擇繼續隱忍？

還有一種性騷擾，加害者是認識的人，可能是上司、名人等，雖然被害者當下感到不安與恐懼，但同時也害怕聲張或是舉發**會遭到報復**，所以遲遲不敢採取行動。另外，受害者可能會感到來自**社會壓力與羞恥感**——社會上對被害人的指責、懷疑，可能會讓被害者選擇保持沉默。受害者也可能因**不熟悉自己的權益和對應的法律程序**，所以錯過蒐證機會，無法貿然採取行動。再者，可能加害人很懂銷毀證據，**無法確認提告是否對自己有利**，如果被害者直接報警提告，最後因證據不足而敗訴，造成的壓力與輿論攻擊的傷害是否讓被害人更加卻步？尤其是如果提告的對象是名人，承受的公審壓力又更大。雖然會得到親友支持，但種種陰影與壓力是**自己**承擔。報警這個決定相當不容易，需要相當大的勇氣，如果受害者是自己親友，要否報警，也尊重他的決定。那麼你還能怪罪被害人當時為什麼不報警嗎？

這種案件雖蒐證不易，但若你被騷擾的當下或隔日，有和親友訴說當時有多害怕，保有對話紀錄，這也算是證據；或有做驗傷，也能當作證據。

是性騷擾還是強制猥褻？

性騷擾和強制猥褻皆是違反他人意願而與性與性別相關的行為，但其行為是否以「強暴、脅迫、恐嚇等」而得逞是關鍵。若以今年（二〇二三）朱姓名嘴被爆在餐廳強摟及強吻女議員的案例來說，有可能構成強制猥褻罪。假設，加害人只是路過，順手摸臀，你的身體並沒有被壓制，這屬於性騷擾；但如果，加害人是從背後環抱，並且強吻，因身體被壓制，就可能構成強制猥褻。不過，同個案件，法官的認定也可能有所不同。

柏洋律師
溫暖提醒

保持好男女分際、懂避嫌相當重要

孤男寡女共處一室，無論你們關係是朋友、上司下屬、合作關係等，只要不是情侶或是夫妻，一定要拿捏好彼此之間的分際，一些親暱的行為在未得到對方允許時，絕對不要做。為了避嫌，有時可以請共同認識的友人或第三者在場，不僅可以保護自己，有第三者在場，另一方通常也不太敢造次。不過，就算是夫妻或是情侶，也要懂尊重彼此，若一方對某次親暱行為感到反感並表達不願意進行時，就不該繼續，否則就算是夫妻，也有可能觸法。

刑事訴訟法

第 237 條

告訴乃論之罪，其告訴應自得爲告訴之人知悉犯人之時起，於六個月內爲之。

得爲告訴之人有數人，其一人遲誤期間者，其效力不及於他人。

性騷擾防治法

第 25 條

意圖性騷擾，乘人不及抗拒而爲親吻、擁抱或觸摸其臀部、胸部或其他身體隱私處之行爲者，處二年以下有期徒刑、拘役或科或併科新臺幣十萬元以下罰金。

前項之罪，須告訴乃論。

刑法

第 224 條

對於男女以強暴、脅迫、恐嚇、催眠術或其他違反其意願之方法，而爲猥褻之行爲者，處六月以上五年以下有期徒刑。

如果我被性騷擾了，應該如何處理？

可以採取的途徑如下，且彼此互不衝突，被害人可依自身需求選擇處理。

途徑	行政申訴	刑事告訴	民事求償	申請調解
受理對象／提出方式	1. 向申訴時行爲人所屬單位或警察機關提出 2. 行爲人是所屬單位最高負責人，可向社會局（處）／家防中心提出	1. 到各地警察機關提告 2. 到地檢署按鈴申告或具狀提告	具狀向法院提出求償	向社會局（處）／家防中心申請調解
結果／目的	依據《行政法》對行爲人或其雇主做出裁罰（罰鍰給政府）	行爲人被判刑或者是科處罰金（罰金給政府）	行爲人針對被害人受到的身體或精神損害給予賠償	行爲人就被害人受到的身體或精神損害給予賠償並回復被害人名譽
提出時限	於事發後一年內提出	《性騷擾防治法》第25條性騷擾罪（意圖性騷擾，乘人不及抗拒而爲親吻、擁抱或觸摸其臀部、胸部或其他身體隱私處之行爲）爲告訴乃論罪，須於六個月內提出	知悉求償對象且需於事發後二年內提出	於申訴期限內提出

資料出處：衛福部性騷擾被害人權益說明手冊
表格來源：臺北市政府警察局婦幼警察隊〈婦幼問題 Q&A〉，表格製作爲衛福部

社會秩序維護法・性騷擾防治法

在路上遇到搭訕的人，強行不讓我離開，非得要加我的LINE

搭訕到底有沒有違法？

近期網路上「兩性YouTuber」與「搭訕課程」討論度相當高，到底在路上搭訕人會不會被告？可能有部分讀者認爲：「看那兩性的YouTuber還找正妹律師來背書，說搭訕不違法，那我應該可以放心在路上找女生搭訕了吧？」

如果你是男性想在街上認識女性，請先不用焦慮。第一，如果只是單純搭訕問候，第一次失敗頂多是對方不理你，沒有任何法律問題；第二，若你搭訕對方，對方選擇不理你，你卻持續對對方糾纏不休，那就有法律問題了，你可能會**違反《社會秩序維護法》**。《社會秩序維護法》是爲了維護公共秩序、確保社會安寧而訂立。若你搭訕不成，持續跟蹤糾纏，對方勸退，你還依然故我，依照**《社會秩序維護法》中第89條第2款：「無正當理由，跟追他人，經勸阻不聽者。」則可能處新臺幣三千元以下罰鍰或申誡。**對方可以立即向當地警局報警，讓你遭受裁罰。那麼你說「搭訕到底有沒有違法呢」？這就要看你搭訕方式和後續的行爲。被搭訕者若當下覺得不舒適，不用忍耐直接拒絕對方；如果忍了下來，還跟對方去搭摩天輪，那

社會秩序維護法

第 7 條

違反本法行爲，不問出於故意或過失，均應處罰。但出於過失者，不得罰以拘留，並得減輕之。

就會被視作你是「同意」此搭訕行爲，事後喊冤恐怕也很難說服法官。

臺灣女生賺錢的機會來囉？

如上文所述，不合情理的搭訕還是有觸法可能而被罰款。但罰款是給國家，並非給被害人，所以網友戲稱的「臺灣女生賺錢的機會來囉」也就**不**成立。那麼，像某些兩性 YouTuber 搭訕沒幾句，就隨意觸碰女性身體呢？這就另當別論了。如果他沒有經過對方許可，趁對方來不及反應親吻、擁抱或是觸摸身體隱私部位那就觸及**《性騷擾防治法》第25條**：「意圖性騷擾，乘人不及抗拒而爲親吻、擁抱或觸摸其臀部、胸部或其他身體隱私處之行爲者，處二年以下有期徒刑、拘役或科或併科新臺幣十萬元以下罰金。」

很多男生可能想說：「但搭訕當下，對方又沒有叫我滾，我只是不小心碰到她，這樣也不行嗎？臺灣女生太麻煩了吧。」根據**《性騷擾防治法》施行細則第2條，性騷擾之認定，應就個案審酌事件發生之背景、環境、當事人之關係、行爲人之言詞、**

行爲及相對人之認知等具體事實爲之。也就是說，性騷擾的認定，一定要符合「性」相關，並參考主觀感受和客觀事實判斷。例如，你們兩個人本來就相識，某日傳了訊息給女方：「你的奶好漂亮，你男友肯定很性福……」對方按了訊息「讚」後就已讀不回，因爲女方按讚而留下「正面回應」，雖然後續不再有聯繫，這樣在法律上是較難構成性騷擾的。假設你只是在路上看到某位漂亮的陌生女生，想要藉由搭訕認識對方，沒想到對方不想給聯絡訊息，但因女方穿著太火辣，讓你忍不住想一親芳澤，所以不小心環「抱」了對方，對方感到不愉悅後直接喝斥。這種狀況下，第一，這和**「性」**相關；第二，對方**主觀**覺得不愉悅；第三，**客觀**來說，你們互不相識，對方已經委婉「拒絕」。這樣就會構成**性騷擾**。

男生們也許又不滿表示：「眞的是太麻煩了，追個女生，好像一不小心就會被告。不就只是『**人帥眞好，人醜性騷擾**』**！**」這句話可以說是對了一半，爲什麼是一半？當女性有兩個可以選擇認識與交往的對象，一位是打扮和談吐合宜，體貼且溫柔；另一位是穿著邋遢，言談間只在乎自己感受，而不在乎對方，她會選擇誰？立場換成男性來選擇也相同，一位是皮膚白皙，身材穠纖合度，健談開朗；另一位則是氣色不佳，穿了睡衣就出門，問她任何問題都回答：「不知道、你不會自己決定喔？」那麼你會選擇誰？外貌是大家第一眼的印象，如果只想選頂級的帥哥或美女，那很大機會你會遇到詐騙。基本的外在條件，只要打理乾淨舒服，是沒有什麼問題的，重點還是懂得「尊重」彼此，如果個性、興趣合得來那是幸運，而不是**要求對方「配合」**你才叫做適合。如果和女生聊天，發現對方沒有打算聊下去的意圖，那就果斷放下吧。她選擇不想理你，你也可以選擇理更適合你的人。這樣既沒有法律問題，或許還會遇到更棒的對象。

性騷擾防治法

第 25 條第 1 項

意圖性騷擾，乘人不及抗拒而爲親吻、擁抱或觸摸其臀部、胸部或其他身體隱私處之行爲者，處二年以下有期徒刑、拘役或科或併科新臺幣十萬元以下罰金。

柏洋律師
溫暖提醒

人與人的相處在於彼此尊重

人際相處無論男女、地位，彼此要注意的皆是尊重對方。不是位高權重就能任意使壞，也不是外在條件佳就能瞧不起他人、口出惡言。雖說「窈窕淑女，君子好逑」，相貌好看的男性或女性普遍是大家欣賞的對象，但你喜歡對方，對方就要喜歡你嗎？人生規則有法律可據，但感情沒有真正法則，市面上教授的「把妹方法」或「討男人歡心的步驟」可以作為參考，若遇到問題，教授的老師也無法為你負責。

跟蹤騷擾法．這樣我是要怎麼交女友？每天找女生搭訕可能會觸犯《跟蹤騷擾防制法》？

女生這樣也不行，那樣也不行，這樣我是要怎麼交女友？

二〇二一年在屏東通訊行上班的女店員因每天被跟蹤騷擾，最後慘遭殺害，進而推動《跟蹤騷擾法》的立案。當年女店員因每天被蹲點跟蹤而報案過，雖然凶手也曾遭到罰款和警察申誡，但仍無法阻止他每天跟蹤。因凶手當時只是每天蹲點，並無直接犯罪行爲，只能按照上篇所述的《社會秩序維護法》處置。但《跟蹤騷擾法》立案通過後，只要發現凶嫌跟蹤行爲持續已久，且被害人蒐證齊全，就能直接報案且逮捕對方。

首先，來說說什麼是「跟蹤騷擾行爲」，**《跟蹤騷擾防制法》第3條第1項**規定，對特定人反覆或持續違反其意願，且與性或性別有關行爲，例如監視、跟蹤、盯梢、守候、威脅、要求約會或其他追求行爲等，造成被害人心生畏怖，足以影響其日常生活或社會活動，即屬於「跟蹤騷擾行爲」。且「跟蹤騷擾行爲」必須是有持續性、反覆性，偶爾一兩次的行爲，法律上可能還不足以認定是「跟蹤騷擾行爲」。又按照**《跟蹤騷擾防制法》第18條**規定，實行跟蹤騷擾行爲，得處有期徒刑、罰金。所以，「跟蹤騷擾行爲」是有刑事責任的。另**《跟蹤騷擾防制法》第21條**規定，針對較爲嚴重的跟蹤騷擾行爲，行爲人經法官訊問後，**有事實足認爲有反覆實行之虞**，而有羈押之必要者，得**羈押**之。也就是較爲嚴重的跟蹤騷擾行爲，若嫌疑重大且有羈押必要，甚至可以直接羈押跟蹤騷擾者。這項立案就是補足《社會秩序維護法》中只是行政責任的不足。原本跟蹤騷擾只是違反《社會秩序維護法》，但爲了預防因「跟蹤騷擾而犯罪」才有《跟蹤騷擾防制法》的立法，在過度、嚴重的跟蹤騷擾行爲發生時，我們就需要刑事責任的介入，讓行爲人在犯罪當下就會遭到警方逮捕，並移送地檢署。（即隨案移送）

跟蹤騷擾防制法

第 3 條第 1 項

本法所稱跟蹤騷擾行爲，指以人員、車輛、工具、設備、電子通訊、網際網路或其他方法，對特定人反覆或持續爲違反其意願且與性或性別有關之下列行爲之一，使之心生畏怖，足以影響其日常生活或社會活動：一、監視、觀察、跟蹤或知悉特定人行蹤。二、以盯梢、守候、尾隨或其他類似方式接近特定人之住所、居所、學校、工作場所、經常出入或活動之場所。三、對特定人爲警告、威脅、嘲弄、辱罵、歧視、仇恨、貶抑或其他相類之言語或動作。四、以電話、傳真、電子通訊、網際網路或其他設備，對特定人進行干擾。五、對特定人要求約會、聯絡或爲其他追求行爲。六、對特定人寄送、留置、展示或播送文字、圖畫、聲音、影像或其他物品。七、向特定人告知或出示有害其名譽之訊息或物品。八、濫用特定人資料或未經其同意，訂購貨品或服務。

我是擔心女友，每天去她上班地點等她下班可以吧？

在二〇二二年，根據臺中市警局婦幼隊統計分析，受理的四十件跟蹤騷擾案件中，「**過度追求行爲**」約占六成；符合《家庭暴力防治法》**（家暴法）身分關係**的跟蹤騷擾行爲約占四成，其中行爲的樣態以「**通訊、網際網路騷擾**」最高，其次是「**尾隨接近**」，在這之中，對象以熟識朋友比例最高，前男女朋友次之，**加害人還是多爲熟人**。二〇二二年《跟蹤騷擾防制法》正式上路後，臺中一名**男性**醫師終於對長年騷擾他的女子提告，警方也已將其移送法辦，到了二〇二三年一審根據《跟蹤騷擾防制法》判決罰金兩萬元，可上訴。據了解，該女在臺中某間醫院工作時，認識同間醫院的被害男醫師，便生愛慕之情，時常在醫院用「眼神」關注男醫師，並在醫院騎樓等男醫師上下班，後該女離職，依然會前往男醫師工作醫院等他。在這段期間，男醫師不斷向該女表示「自己很不舒服」，但該女依然沒有停止騷擾，跟蹤騷擾時間長達五年。二〇二二年男醫師終於報案提告，但該女辯稱：「我沒有騷擾醫師，我只是想跟醫師分享我的近況。」此言論並沒有被法官採信。法官認爲就以該女侵擾方式長達五年之久，顯示該女的情緒管理與自我克制能力均有所不足，對男醫師身心與生活造成損害，但考量該女坦承犯行，又無前科，依跟蹤騷擾罪處罰金。

無論是男女朋友、家人、夫妻往來也需要尊重與聆聽，不能因爲對方是你的「女友」、「哥哥」、「老婆」等就自認想對對方做什麼都是合理的。如果你的女友已經向你提出多次，不用每天到她公司等她下班，不然她很困擾；又或送她回家後，還在她家附近長時間徘徊，緊盯對方會否出門。根據《跟蹤騷擾法》第3條第2項，對特定人之配偶、直系血親、同居親屬或與特定人社會生活關係密切之人，以前項之方法反覆或持續爲違反其意願而與性或性別無關之各款行爲之一，使之心生畏怖，足以影響其日常生活或社會活動，亦爲本法所稱**跟蹤騷擾行爲**。你的女友是可以立即向警方報案，若你剛好正在她家附近徘徊，便會成爲現行犯被當場逮補。

本章節相關法規補充註：

Netflix在二〇二三年四月推出《人造之人—造浪者》一劇，此劇一播出便得到廣大迴響。劇中文宣部副主任鼓勵受到職場性騷擾的下屬應該往上呈報時說：「我們不要就這樣算了，如果這樣的話，人就會慢慢死掉。」而這席話鼓勵了許多臺灣女性。同年六、七月許多女性（與男性）紛紛 hashtag「#metoo」，講述自己被性騷擾，甚至性侵的過去，此次「#metoo」的猛烈延燒讓各界對於修補法規缺陷的呼應不絕。行政院在七月十三日通過「性平三法」修正草案，刑度、罰鍰、賠償都調升。草案也強化外部申訴及監督機制，申訴跟調查結果都要通報主管機關，被害人若不服調查，可向地方主管機關申訴。草案將送立法院七月臨時會審議，三讀公告後實施。至於相關子法將由各部會另訂，預定在二〇二四年三月八日實施。但注意，在上述法案確認實施前，相關法案依然依循中華民國現行法規。

跟蹤騷擾防制法

第 18 條第 1 項

實行跟蹤騷擾行爲者，處一年以下有期徒刑、拘役或科或併科新臺幣十萬元以下罰金。

第七章——《著作權法》

著作權法・

我在網路上發表電影心得，卻意外發現被其他人一字不動當作是他個人的文章

在別人的臉書上看到我幾週前的文章

因爲現代人幾乎每天都會上社群媒體關心朋友及社會新聞等，有些人可能善於發表長篇文章，只要不是無意義的文字，原則上是擁有「著作權」的。如果你是將文章

設定爲「公開」，讓他人分享，臉友分享了你的文章，因爲看得到連結作者是你，如此臉友的分享並未有侵害到你的著作權。但若你發現有人是將你原本的文章原封不動、一字不漏的「複製、貼上」在自己的版面，**看起來就像是他的創作**，那對方就可能侵害到你的著作權。這時候你可以做的是：**蒐集證據**，要有「你是發表原始文章的人」的證據，包括文章發布日期、時間、截圖、手機錄影或其他能證明你是原始創作者的關鍵資訊。**直接聯繫對方**也是一種做法，請對方刪除、下架文章，或是請他們清楚標明出處，也可以藉此了解其中有沒有誤解（可能的情形是他們也不知道文章是誰寫的）。也可以**向平臺投訴**，表示對方已侵害自己的著作權，請平臺下架對方文章或做出相關懲處。若上述方式都沒用，就可以考慮**尋求法律幫助**，或諮詢律師，讓律師爲你評估狀況，提供建議，看怎麼進一步採取法律行動。

如前所述，當我們在閱讀別人文章（可能爲「攝影著作」、「美術著作」、「圖形著作」等）時，若是很欣賞該篇文章，而對方將其設定爲「公開」且得「分享」，此部分應可以認爲對方在臉友、網友表明出處之前提下，是同意被分享的。但若是不清楚對方有否註明「不許轉載或公開播送」，基於尊重著作者的想法，建議直接與著作者詢問確認是否可以分享其文章著作。

著作權法

第 61 條

揭載於新聞紙、雜誌或網路上有關政治、經濟或社會上時事問題之論述，得由其他新聞紙、雜誌轉載或由廣播或電視公開播送，或於網路上公開傳輸。但經註明不許轉載、公開播送或公開傳輸者，不在此限。

第 5 條

本法所稱著作，例示如下：

一、語文著作。

二、音樂著作。

三、戲劇、舞蹈著作。

四、美術著作。

五、攝影著作。

六、圖形著作。

七、視聽著作。

八、錄音著作。

九、建築著作。

十、電腦程式著作。

著作權法

第 16 條

著作人於著作之原件或其重製物上或於著作公開發表時，有表示其本名、別名或不具名之權利。著作人就其著作所生之衍生著作，亦有相同之權利。
前條第一項但書規定，於前項準用之。
利用著作之人，得使用自己之封面設計，並加冠設計人或主編之姓名或名稱。但著作人有特別表示或違反社會使用慣例者，不在此限。
依著作利用之目的及方法，於著作人之利益無損害之虞，且不違反社會使用慣例者，得省略著作人之姓名或名稱。

第 91 條

擅自以重製之方法侵害他人之著作財產權者，處三年以下有期徒刑、拘役，或科或併科新臺幣七十五萬元以下罰金。
意圖銷售或出租而擅自以重製之方法侵害他人之著作財產權者，處六月以上五年以下有期徒刑，得併科新臺幣二十萬元以上二百萬元以下罰金。
著作僅供個人參考或合理使用者，不構成著作權侵害。

著作權法

第 91-1 條

擅自以移轉所有權之方法散布著作原件或其重製物而侵害他人之著作財產權者，處三年以下有期徒刑、拘役，或科或併科新臺幣五十萬元以下罰金。

明知係侵害著作財產權之重製物而散布或意圖散布而公開陳列或持有者，處三年以下有期徒刑，得併科新臺幣七萬元以上七十五萬元以下罰金。

犯前項之罪，經供出其物品來源，因而破獲者，得減輕其刑。

第 92 條

擅自以公開口述、公開播送、公開上映、公開演出、公開傳輸、公開展示、改作、編輯、出租之方法侵害他人之著作財產權者，處三年以下有期徒刑、拘役，或科或併科新臺幣七十五萬元以下罰金。

我拍什麼，對方也拍什麼？《食神》嗎？裁判！這樣可以嗎？

「攝影著作」可能較容易讓人混淆，假設你拍攝了一張黑貓在臺北大稻埕抓鳥的照片，結果，過了三天你看到別人跟你用同樣的構圖，也拍攝了黑貓在大稻埕抓鳥的照片，這不能算是「侵權」。他是用了你的「**概念**」，但並未拿你的照片挪作他用。如果他是拿你的照片去報名攝影比賽，這就是明顯侵害著作權了。那如果有人用你的攝影作品，畫了和照片一模一樣的畫呢？依照片所繪製的圖，因爲該畫的重點是表達其繪畫技巧之意念，**並不致於構成侵害著作權**。著作權之保護是有其限制，因爲攝影著作保護「**照片**」本身，而非照片中之人、物、景等標的。任何人未經授權，不得使用他人之照片，但攝影著作之著作權人，不能禁止他人就相同之人、物、景，進行拍攝，更不能禁止他人擺出相同攝影姿勢，或是以相同構圖拍攝相同之人、物、景。他人以攝影著作中之人、物、景，另爲創作或使用，未使用到攝影著作本身，攝影著作之著作權人應是無從主張權利。不同人分別以攝影設備，拍攝相同之人、物、景，都不會構成侵害著作權，如果是依照片畫圖，更不致於構成侵害著作權，除非對方是「直接翻拍」你的「照片」才有侵權疑慮。

以下提供一則來自「經濟部智慧財產局」著作權主題網中的「著作權」Q&A

Q：編輯看到一篇文章，若只取其意思，並以中文重新組合其文章的層次和架構再呈現，會不會觸犯著作權法？

A：著作財產權人分別享有「重製權」及「改作權」，因此，編輯看到一篇文章，取其意思而以中文重新組合他人著作的層次及架構，如涉及上述著作人的權利，且無《著作權法》合理使用情形者，應先徵得著作財產權人的同意或授權，方可爲之。至於若只取其意思重新以自己的表達方式創作，亦即僅擷取文章中的概念或思想，用自己的語言文字加以表達，並不涉及上述重製或改作或編輯的行爲，則不生取得著作財產權人授權的問題。換言之，本題所指行爲是否違反《著作權法》，應視具體個案事實認定之。（§17、§22、§28、§44～§65）

（其他更多相關著作權問題可以參考「經濟部智慧財產局」官網／工具資源／著作權 FAQ）

以下提供一則來自「經濟部智慧財產局」著作權主題網中的「網路著作權」Q&A

在Podcast分享書籍或影集觀後感，會侵害著作權嗎？

Q：阿傑想要經營Podcast，以心得分享的方式介紹書籍或影集，這樣會侵害著作權嗎？

A：依《著作權法》第52條規定，爲報導、評論、教學、研究或其他正當目的之必要，在合理範圍內，得引用已公開發表之著作。因此阿傑除了介紹書籍或影集的內容，如果再加上自己的原創評論，例如啟發、與生活經驗結合的探討等自己的觀點，讓聽衆感受到的是以自己的評論爲主、被引用的內容爲輔，且利用他人著作比例甚低，不會對所評論的書籍或影集的市場產生替代效果的情形下，且註明或說明來源出處，即有主張合理使用的空間。

（其他更多相關著作權問題可以參考「經濟部智慧財產局」官網／認識著作權／著作權知識／網路著作權）

著作權法

第 65 條

著作之合理使用，不構成著作財產權之侵害。

著作之利用是否合於第 44 條至第 63 條所定之合理範圍或其他合理使用之情形，應審酌一切情狀，尤應注意下列事項，以爲判斷之基準：

一、利用之目的及性質，包括係爲商業目的或非營利教育目的。

二、著作之性質。

三、所利用之質量及其在整個著作所占之比例。

四、利用結果對著作潛在市場與現在價值之影響。

著作權人團體與利用人團體就著作之合理使用範圍達成協議者，得爲前項判斷之參考。

前項協議過程中，得諮詢著作權專責機關之意見。

第八章——契約審閱要領

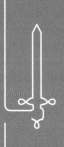

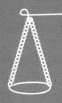

契約成立要件

在現今這個商業活動極爲發達的年代，每個人，即使是還沒出社會的學生，都有可能涉及到訂定契約的問題。常常有人來詢問律師：「律師，這個契約我莫名其妙地就簽了，事後越想越不對勁，請問可以反悔嗎？」這裡先給各位讀者答案，如果你簽訂契約時，已經成年且精神狀態正常，原則上契約是有效成立的，自然就應該依照契約約定的內容履行、負責。所以，絕對不能輕忽自己在日常生活中簽署的任何文件，簽署前務必要做好風險把關。

首先，我們先來說明契約的成立要件，依據《民法》的規定，**當事人互相表示意思一致，契約即為成立**。也就是說只要雙方或多方說好了條件、內容，契約就成立了。我最常舉的例子就是：今天你去咖啡廳向店員點了一杯熱拿鐵，店員表示接收到你的點餐，此時你與咖啡店間就成立了「一杯熱拿鐵」的買賣契約，點餐的你有「給付價款」的義務，咖啡店也有「交付一杯熱拿鐵給你」的義務。所以常有人問：「律師，我與對方沒有簽契約，所以我們之間談的應該不算數吧？」這觀念是錯誤的。

一般契約原則上不需要以書面訂定，但許多情形我們仍然會簽署書面契約，這是為什麼呢？因為簽訂契約的當事人，就較為繁瑣、複雜的協議，其內容通常不是三言兩語就可以說得清的，此時若沒有簽訂書面契約以明確規範各個條款（交易）條件，則很容易有所遺漏；再來就是為了證明契約存在，如果僅是雙方口頭承諾，爾後一旦有一方反悔，另一方如何證明雙方已經談好的內容（契約的存在）？如此情形雙方間是否有成立契約就是會遇到的爭議。所以書面契約的簽訂，不只可以明確證明契約成立的優點，而且契約條款亦可明確文字化，避免許多爭議。

簽訂契約注意事項

至於簽訂契約的時候，應該注意哪些事項呢？坦白說，這個涉及到每個人的經驗及知識能力，但我們盡可能地提醒各位讀者，若能掌握以下幾點，相信應該不至於鑄成大錯。

一、確認交易的主體

說到契約關係，首先必須確認契約關係存在於何人之間。首先提醒一個觀念，法律上的人，除了我們一般的「自然人」以外，也包括「法人」。所謂「法人」，就是法律所創設的權利主體，最常見的就是公司。舉個例子來說，鴻大海有限公司（法人）的董事長是郭大銘（自然人），今天你賣了一批貨給鴻大海有限公司，一旦交付貨物後收不到款項，原則上應該是要向鴻大海有限公司請求給付價款，而非向郭大銘要求給付。當然，向鴻大海有限公司的員工或股東們請求，也是不行的。我發現很多人都會犯這個錯誤，只認得來跟你簽署契約的自然人，至於契約內眞正簽署的一方是誰，自己可能根本就沒有搞清楚，甚至還會要求基於友情純粹陪同甲方（鴻大海有限公司）一起來簽約的張大謀，指著張大謀鼻子罵說：「你有一同參與簽約的過程，當然也要一併負責」云云。

另外來說說我們眞實遇到的案例，某位做冷凍櫃的老闆設立了一間冷凍櫃公司（家族企業），以公司名義與買方簽署了上達百萬元的買賣冷凍櫃契約，簽署契約後，買方突然反悔，所幸契約有約定一方解除契約時應給付懲罰性違約金的條款，冷凍櫃老闆便自己撰擬了「民事起訴狀」至法院提起訴訟，向對方求償新臺幣三十萬元的違約金。法院審理不久後便駁回了他的訴訟，冷凍櫃老闆事後抱著滿滿疑惑來詢問律師，律師審閱判決後才發現訴訟之所以遭駁回，原來是因爲冷凍櫃老闆是以自己名義提起民事訴訟，但簽署契約的「賣方」是自己開設的冷凍櫃公司，所以應該提起訴訟的是冷凍櫃公司，不是冷凍櫃老闆啊！

二、確認交易的標的

日常生活中訂定契約，我們最常遇到的就是買賣關係，當然也會有租賃或僱傭關係。但不論是哪種契約，我們在簽訂契約的時候就要確認清楚：**這個契約我們要的是什麼？對方要的是什麼？**以一個買賣中古車的契約爲例，各個家庭在換車的時候，可能會把舊車刊登在網路上標示出售，當尋覓得買家並就各項條件談妥了，爲了保障雙方權利，通常會簽署買賣汽車的書面契約。此時賣家最在乎的狀況通常就是價金的收取，只要收取了全額的價金，在這次交易上通常就立於不敗之地。至於「何時交付車輛？何時至監理站辦理更換車主事宜？」都是買家需要擔心的。而買家也會擔心價金給付後，對方不交車、不辦理過戶，所以與房屋買賣契約一樣，通常會有「階段性給付價金」的約定，例如簽約的時候先給付價金的10%作爲訂金，至監理站辦理過戶時給付50%的價金，最後在交車時再把剩下的尾款40%價金給付完畢。

三、草擬契約的一方，其契約內容多半是有利於自己的

雙方簽訂契約，其契約的內容通常是由一方預先草擬，再提供予另一方確認是否接受或要求修改。我們在審閱每個契約條文的過程中，**建議先確認自己預設的重點是否有出現，或條文的規定與自己預設的重點是否相違背**。若希望調整，則這部分就將會是雙方就契約條款必須詳加討論，甚至討價還價的地方。而人本各有立場，草擬契約的一方多半會將契約內容規定得較有利於自己，所以在審閱對方提出的契約前，建議自己預先寫下這次交易關係的重點，而不是僅拘泥於對方提出的契約內容，以免顧此失彼，只專心「對付」對方草擬不利自己的條款，卻忘了在契約中加入自己原先預定（預期）的條件。

四、每個契約背後所隱藏的風險，其能否接受都是因人（狀況）而異

處理法律事務，專業人士都會極爲注重風險，律師審閱契約時就是如此。例如我

們要裝潢自己的新家，會與設計師或設計公司簽訂裝潢的承攬契約，這時雙方各自有應考慮的風險。房屋主人會考量的風險有：工期內是否能順利裝潢完成？原本承攬契約約定的工程內容是否不足，而有可能會追加工程？工程是否做到一半設計師即不繼續施工？而設計師會考量的風險有：是否會確實收到工程款？工期延宕是否會有違約金或罰款？原物料是否有可能漲價而因此造成虧損？以上的風險，房屋主人在裝潢時，如果本就有另外的房子可供居住，則工程無法如期完成，對屋主造成的影響風險可能不會非常大，如此屋主也不需在裝潢契約內約定較爲苛刻的逾期違約金；相反的，如果無法如期完工，屋主將沒有房屋可住，此時在逾期違約金上勢必要能補償另外住飯店或租屋的金額。又例如裝潢契約內就給付工程款爲階段性的支付，如此一來，即使設計師施工至一半無理由不再施工，此時剩餘工程款屋主可能尚未給付，而避免此部分的價金風險。

在風險預防這點，我給一個簡單的結論，就是**看到契約條款中有對自己不利的條款規定時，此時就要審慎思考，若這條款規定的事實發生時，自己能否接受不利的結果？若不能接受，這就是你無法承擔的風險，該條款勢必要做修正**。一個契約，就是規範一個交易行爲，在契約中你可以看到交易行爲的來龍去脈及細節。當你對交易行爲有全盤的想法及認知，自然就會知道契約中哪些條款是不可或缺，哪些條款是陪襯的。陪襯的條款，多半是不太可能發生的事實規定，所以即使是不利自己，因爲風險不高，有時也不需過於堅持，以免影響了合作的氣氛。

五、繼續性契約，必須注意下車條款

所謂的「繼續性契約」，是相對於「一次性契約」的名詞，而「繼續性契約」是指契約之內容非一次性給付即可完全履行，隨著時間而持續地實現，其特徵是依時間進展履行契約義務，例如租賃契約、合資契約及勞務契約等。舉個例子，買賣契約在雙方銀貨兩訖時交易就完成了，原則上雙方各自應履行的交付標的及價金義務也就不再存在（仍然會有其他義務，例如瑕疵擔保責任等），所以買賣契約原則上就是一次性契約。

爲什麽說繼續性契約必須注意「下車條款」？試想，你承租套房而簽訂了租賃契約，契約過程中你因爲找到了更好的工作必須搬到其他縣市居住，若不能提前終止租約（下車），難道要白白繼續承租並給付租金到租約期間結束嗎？又或者，你經過朋友介紹，將自己一半的積蓄投資某個事業，故與他人簽署了合資契約，但突然有一天家裡發生重大事故，急需一筆資金，如果完全不能終止合資契約將資金抽回，將使得資金持續被套在所投資的事業。以上兩種情況，均有可能會對你的人生規劃造成嚴重影響。所以說，如果是承租房子，就要注意是否有提前終止的條款，像是：提前終止時是否有違約金的約定？違約金的數額是否能接受？又如果是合資契約，必須注意：**開始投資過多久後可以提前終止？行使終止權後，其他合資人如何辦理退還資金事宜？提前終止是否有違約金的約定？**

小結・商業行為應有的概念

最後要跟各位讀者說明的是，簽訂書面契約，是爲了保障交易雙方。任何的交易，都應盡量避免曖昧不明，有時候我們先把醜話說在前面，可以避免頭洗下去後無法挽回的結果。雙方交易，有時基於人情，難免不會直接明確說明交易的條件、期間及金額，甚至認爲彼此有多年交情，不需繁文縟節地簽訂書面契約，但這些問題都是交易過程中無法避免且重要的事項。即使今天交易的對象是多年好友，仍然建議應公私分明，**一開始合作或訂定契約時先把契約條件明確約定，如此可以避免日後曖昧不**

明、含糊不清的紛爭。也許讀者會擔憂「一開始堅持自己的契約條款或條件，會不會造成對方因此認爲斤斤計較，不願意與自己繼續合作？」我說這是多慮了，因爲任何交易事項在市場上都有一定的條件，今天若你提出的條件是合情合理的，對方夠專業或有做功課，應該不會不知道市場上交易的合理行情，所以堅持這個合情合理的條件，是一個專業的表現，也是傳達自己本於誠信，不占對方便宜的一個態度。反倒是若一開始基於人情，對於自己合情合理的條件沒有堅持，如此心中的疙瘩永遠存在，當不滿情緒累積到極限時，這次的合作可能就告終。舉個例子，一個持續提供新創公司軟體架構的案件，雙方一開始基於校友的關係，對於軟體架構設計的酬金並未直接講明，隨著設

民法

第 153 條

當事人互相表示意思一致者，無論其爲明示或默示，契約即爲成立。

當事人對於必要之點，意思一致，而對於非必要之點，未經表示意思者，推定其契約爲成立，關於該非必要之點，當事人意思不一致時，法院應依其事件之性質定之。

計案越來越多，金額也累積越來越高，最終要結算的時候，雙方對於過程中每個設計項目如何計算酬金發生了嚴重的意見分歧，甚至未來也沒有再次合作的可能。

結語

本書集結超過三十件、可能是大衆容易遇到的實際案例來解說法律基本知識。書中部分案例是律師作者與筆者的眞實實錄，不過，有時「事實眞相」和最後案件勝訴、敗訴卻無直接關係。要有條不紊地還原這些案例，其實不容易。所以我們儘可能撇除個人意見，且以淺顯易懂的方式描述案件，好讓讀者讀來不覺得生硬或像是在說教。

最後，想藉著大衆常見的問題與各位討論「法律的意義」。

Q：到底要「法律」幹嘛？

「我皮夾掉了，警察竟然找不回來，怎麼辦」、「參加演唱會，被人打，這種公開場合也抓不到人」、「我們到底要法律幹嘛?壞人根本不會有事吧」這些問題，是法律有沒有存在的問題嗎?

從小到大在生活上我們也許會遇到許多大大小小的問題，在學校遇到問題，可能會選擇報告老師請校方處理;在外面遇到問題，可能會選擇報警請警方協助辦理。但有些「問題」的產生與「法律存在」與否並無絕對關係。例如自己個性冒冒失失，時常丟三落四，看場電影不小心皮夾就掉了，等到自己發現時，卻怎麼找也找不回來;或是因爲自己一時貪心，想要以小搏大，誤信友人的投資方法，事後發現原來是場詐騙，而詐騙的人早就不在國內，原本投資的錢也回不來。類似這樣的事件，與現行的「法律規範」有關嗎?往往是自己吃虧了之後，想要「法律」爲自己討公道，卻忘了一開始自己在做任何事都有著風險。人行事需先符合社會道德，接著才是法律。

近代的德國法學家耶利內克(Georg Jellinek)曾在自己論文提及:「**法律僅是道德的最低限度**」(德文原文:*Das Recht ist nichts anderes als das ethische Minimum.*)，這句是要表達「法律」有其不足之處，而非解釋成:我現在做的事只要「不違法」，而那些「不道德」的行爲就是對的，法律只是行爲處事的低標。而不起訴的案件，也不代表對方就是符合社會道德。他認爲：法律作爲維護社會狀態的要素，形成了特定社會狀態規範的最低限度，也就是包括確保該狀態持續存在的那些規範。(Das Recht wird also, als das erhaltende Moment, das Minimum der Normen eines bestimmten Gesellschaftszustandes bilden, d. h. diejenigen Normen umfassen, welche die unveränderte Existenz eines solchen sichern.)

法律是盡可能維護社會秩序的規範，拉丁法諺：「有社會，必有法律（Ubi societas, ibi ius）。」。家中有家規，學校有校規，共同生活在社會中也必須要有法律來規範。降低衝突，讓社會全體有序生活，就是法律的意義。

Q：「法律」有存在的必要嗎？

根據英國哲學家邊沁（Jeremy Bentham）的效益主義，效益主義重視效益的最大化，是以「最大多數者的最大幸福」爲目標。邊沁哲學主要適用於個人行動，但也可應用在社會政策上，他認爲**刑罰之苦帶來的恐懼**對於遏止犯罪特別有效，當然也有試圖引起當事人內心反省的制裁（如宗教制裁或道德制裁）。但邊沁重視的是施予刑罰之苦的法律制裁，爲了抑制有害行爲，必須抵銷有害行爲所帶來的快感，因此施予痛苦刑罰的**法律**體系是有其必要的。以邊沁的觀點，法律的存在是爲了促進社會的幸福和利益。法律的目的是確保社會秩序和公正，以最大程度地減少人們之間的衝突和痛苦，並提供一個基礎規範，讓人們能夠安全、自由地追求他們的幸福。

首先，法律的存在可以建立起一套共同的規則和標準，以保護每一位公民的權利和自由。法律提供了一個公正和可預測的制度，以解決爭議和衝突，並確保每個人都受到平等對待。這樣的制度可以減少社會的不確定性和不穩定性，並爲人們提供信心和安全感。其次，法律還可以引導人們的行爲。透過明確的法律規範，生活在共同社會上的人可以了解哪些行爲是被接受和鼓勵的，哪些行爲是被禁止和懲罰的。這樣的規範可以影響人們的行爲選擇，並導向更合乎社會利益的行動，從而盡可能提高整個社會的幸福水準。

此外，法律的存在也有助於維持公平和正義。法律可以確保權力不被濫用，並提供一個機制來解決不公正的情況。透過法律，人們可以尋求正義，並保護弱勢群體的權益。總而言之，根據邊沁的效益主義觀點，法律的存在是為了追求社會的幸福最大化，減少痛苦和不幸。透過法律，人們可以依法行事、獲得保護，並在法律的保障下追求他們的幸福。

法律有其存在的必要，但社會與風俗民情不斷改變，或許有些法條不適用於現今社會，因此我們也可以透過「修法」，讓我們的法律更加完善。

Q：怎麼可以幫壞人辯護？律師就是愛錢？

我國《憲法》對於人權之保障，分別規定第7條：平等權；第8條：人身自由；第9條：非現役軍人不受軍事審判；第10條：居住及遷徙自由；第11條：言論、講學、著作及出版自由；第12條：秘密通訊自由；第13條：宗教自由；第14條：集會及結社自由；第15條：生存權、工作權及財產權；**第16條：請願、訴願及訴訟權**。因此，全民都有請願、訴訟的權利，無論他做了什麼事，這都是他的權利，所以人們認為的「壞人」也有權利委任律師為他辯護。如果你不小心犯了個順手牽羊的錯誤，拿的可能也不過是上百元不到千元的物品，卻被店家發現並且報警，你會不會也希望有人幫你，給你一個改過的機會？

在「律師倫理規範」中，第二章：紀律，第十三條，**律師不得以違反公共秩序善良風俗或有損律師尊嚴與信譽之方法受理業務**。所謂的違反「善良風俗」就是違反國家社會一般利益及一般道德觀念。例如利用性感裸照來招攬業務。而第十一條爲**律師不應拘泥於訴訟勝敗而忽略眞實之發現**，也就是**遵守**律師倫理規範的律師都該清楚，無論案子是勝訴或敗訴，都不該利用當事人的案子，上網發文表達過多個人感想，甚至導致當事人因此被騷擾、影響大眾對案件有過多揣測。

律師是一份職業，且有經過嚴格專業考試與倫理規範。律師的確在接案是有選擇權，有的是朋友介紹，有的是當事人搜尋找到，但基於《憲法》保障下的人權，儘管當事人可能是大眾口中的惡人，只要他有相當明確需要律師的理由，律師在自己的時間安排與能力所及就可以承攬其案件。

目前《律師法》修正通過，只要曾被判刑一年以上徒刑確定，足以侵害律師信譽，應廢止其證書。所以不是一次考上律師，終身就是律師，律師也有該守的規範，

律師法

第 5 條

申請人有下列情形之一者，不得發給律師證書：

一、受一年有期徒刑以上刑之裁判確定，依其罪名及情節足認有害於律師之信譽。但受緩刑之宣告，緩刑期滿而未經撤銷，或因過失犯罪者，不在此限。

二、曾受本法所定除名處分。

三、曾任法官、檢察官而依法官法受免除法官、檢察官職務，並不得再任用爲公務員。

四、曾任法官、檢察官而依法官法受撤職處分。

五、曾任公務人員而受撤職處分，其停止任用期間尚未屆滿，或現任公務人員而受休職、停職處分，其休職、停職期間尚未屆滿。

六、受破產之宣告，尚未復權。

七、受監護或輔助宣告，尚未撤銷。

八、違法執行律師業務、有損司法廉潔性或律師職務獨立性之行爲，且情節重大。

前項第一款及第八款之情形，法務部應徵詢全國律師聯合會之意見。

否則律師執照會被撤銷無法執業。

謝謝大家閱讀到最後，除了常見案例分享，本書也盡可能提供法律知識讓讀者培養簡易法律觀念，以及利用法律來保護自己、提醒親友。一個事件，最後會不會吃虧的關鍵，通常就是**「對法律理解」的深淺**。書末的書狀範本、合約範本皆可參考。若有需要，也可以多多利用書末提供的免費諮詢專線。祝福大家不會有官司的困擾，也懂得運用法律保障自己。

律師法

第 74 條

律師有第七條所定情形者，律師懲戒委員會得命其停止執行職務，並應將停止執行職務決定書送司法院、法務部、受懲戒律師所屬地方律師公會及全國律師聯合會。

律師有前項停止執行職務情形，所涉案件經宣判、改判無罪或非屬第七條所定之罪者，得向律師懲戒委員會聲請准其回復執行職務。

律師未依前項規定回復執行職務者，自所涉案件判決確定時起，停止執行職務之決定失其效力；其屬有罪判決確定者，應依前條第二款規定處理。

書狀範本

民事起訴狀（不當得利）

案號：　年度　　　字第　　　　號

承辦股別：

訴訟標的金額或價額：新臺幣○○○元

原告　○○○　身分證明文件：

□國民身分證　□護照　□居留證　□工作證

□營利事業登記　□其他：

證號：

性別：男／女／其他

生日：○○年○○月○○日

戶籍地：　　郵遞區號：

現住地：　　□同戶籍地

□其他：　　郵遞區號：

電話：

傳眞：

電子郵件位址：

送達代收人：○○○

送達處所：　　郵遞區號：

（註：若一行不敷記載而於次行連續記載時，應與身分證明文件齊頭記載）

被告　○○○　身分證明文件：

□國民身分證　□護照　□居留證　□工作證

□營利事業登記　□其他：

證號：

性別：男／女／其他
生日：○○年○○月○○日
戶籍地：　　　郵遞區號：
現住地：　　　□同戶籍地
　　　　　　　□其他：　　　　郵遞區號：
電話：
傳真：
電子郵件位址：
送達代收人：○○○
送達處所：　　郵遞區號：
（註：若一行不敷記載而於次行連續記載時，應與身分證明文件齊頭記載）

爲請求返還不當得利起訴事：

訴之聲明

被告〇〇〇應給付原告新臺幣（下同）〇〇〇元。

訴訟費用由被告負擔。

事實及理由

原告〇〇〇於民國〇〇年〇月〇日遭不詳姓名之人詐騙，以自動提款機轉帳方式匯款〇〇元入被告〇〇〇所有之〇〇金融機構／郵局第〇〇〇號帳戶，有交易明細表及報案單可證。

被告無法律上的原因受有利益，致原告受損害。為此依民法第179條不當得利之規定起訴，請求如訴之聲明。

證物名稱及件數：

此　致

○○○○○法院　公鑒

中華民國　○○　年　○○　月　○○　日

具狀人　○○○（簽名蓋章）

撰狀人　○○○（簽名蓋章）

（參考來源：司法院官方網站）

家事起訴狀（請求離婚）

此爲請求法院判決離婚，同時要求未成年子女監護權的離婚起訴狀通用格式。

股別：

案號：　年度　　字第　　　號

訴訟標的金額或價額：新臺幣　　　元

原告：

國民身分證統一編號：

（如爲法人或非本國人，請勾選身分證明文件如下：□營利事業登記證□護照□居留

證□工作證□其他。證號：　　　　　　）

性別：□男□女□其他

生日：

戶籍地：

現住地：□同戶籍地。

□其他：

電話：

傳真：

電子郵件位址：

送達代收人：

送達處所：

是否聲請「案件進度線上查詢服務」：

（聲請本服務，請參考網址：http://cpor.judicial.gov.tw）

□否

□是（以一組 E-MAIL 爲限）

電子郵件位址：

送達代收人：

送達處所：

如依法得保密其住居所，或認上開逐一分項記載有危害其安全之虞者，得陳明其理由，並記載送達代收人或送達處所。

被告：

國民身分證統一編號：

（如爲法人或非本國人，請勾選身分證明文件如下：□營利事業登記證□護照□居留證□工作證□其他。證號：　　　　）

性別：□男□女□其他

生日：

戶籍地：

現住地：□同戶籍地。
□其他：
電話：
傳眞：
電子郵件位址：
送達代收人：
送達處所：

爲請求離婚事：
訴之聲明：
一、准原告與被告離婚。
二、對於兩造所生未成年子女○○○之權利義務由原告行使及負擔。
三、訴訟費用由被告負擔。

事實及理由：

一、原告與被告係於民國〇〇年〇月〇日結婚，育有未成年子女〇〇〇（民國〇〇年〇月〇日生）。但因被告（請勾選符合狀態，並敘明事實）

□重婚（民法第１０５２條第１項第１款）＿＿＿＿＿＿

□外遇（民法第１０５２條第１項第２款）＿＿＿＿＿＿

□對原告不堪同居之虐待（民法第１０５２條第１項第３款）＿＿＿＿＿＿

□對原告直系親屬為虐待（或被告直系親屬對原告為虐待），致不堪為共同生活（民法第１０５２條第１項第４款）＿＿＿＿＿＿

□惡意遺棄在繼續狀態中（民法第１０５２條第１項第５款）＿＿＿＿＿＿

□意圖殺害原告（民法第１０５２條第１項第６款）＿＿＿＿＿＿

□有重大不治之惡疾（民法第１０５２條第１項第７款）＿＿＿＿＿＿

□有重大不治之精神病（民法第１０５２條第１項第８款）＿＿＿＿＿＿

□生死不明已逾３年（民法第１０５２條第１項第９款）＿＿＿＿＿＿

□因故意犯罪，經判處有期徒刑逾6個月確定（民法第1052條第1項第10款）＿＿＿＿

□其他難以維持婚姻之重大事由（民法第1052條第2項）＿＿＿＿

二、又有關未成年子女權利義務行使負擔，因原告目前有經濟能力，身體健康，與未成年子女感情良好（餘請依實際情況記載），為未成年子女之最佳利益，其權利義務由原告行使負擔，以利日後能代為處理事務，為此依民法第1052條第○項第○款、第1055條第1項，請求判決如訴之聲明。

證物名稱及件數：

一、戶籍謄本○件。

二、○○○○法院○○年度○○字第○○○○號民事裁定書及確定證明書（或○○年度○○字第○○號刑事判決書）。

三、診斷書○張。

四、其他證明文件。

此　致

○○○○地方法院（少年及家事法院）家事法庭　公鑒

中華民國　年　月　日

具狀人　　簽名蓋章

撰狀人　　簽名蓋章

夫妻財產制契約登記聲請書

此爲以契約選擇約定財產制之一爲其夫妻財產制，及變更或廢止夫妻財產制契約，而向法院聲請辦理登記。

說明：

一、登記類別欄應載明「訂約」「變更」「廢止」「重爲登記」等類別。

二、附具文件欄應於提出之文件名稱上空格內作「V」記號，並載明件數。

三、未載明之空欄及空白務須劃線刪除。

四、當事人爲受監護宣告之人者，應由監護人代理爲之，如監護人即爲受監護宣告之人之配偶，應依民法第1098條第2項規定，由法院選任特別代理人代理爲之。

五、聲請登記委由代理人爲之者，應附具委任書。

<table>
<tr><td colspan="11">夫妻財產制契約登記聲請書</td></tr>
<tr><td colspan="2">登記種類</td><td colspan="9">夫妻財產制契約　　　　　　登記</td></tr>
<tr><td colspan="3" rowspan="2">姓　名</td><td colspan="3">出生日期</td><td rowspan="2">職業</td><td colspan="4" rowspan="2">住　居　所</td></tr>
<tr><td>年</td><td>月</td><td>日</td></tr>
<tr><td colspan="3"></td><td></td><td></td><td></td><td></td><td colspan="4"></td></tr>
<tr><td colspan="3"></td><td></td><td></td><td></td><td></td><td colspan="4"></td></tr>
<tr><td colspan="3">結婚年月日及地點</td><td colspan="8">中華民國　　年　　月　　日在　　　　縣(市)結婚</td></tr>
<tr><td rowspan="7">聲請登記事項</td><td colspan="2">約定財產制種類</td><td colspan="8"></td></tr>
<tr><td colspan="2">關於特有財產之約定及其價值</td><td colspan="8"></td></tr>
<tr><td colspan="2">採共同財產制，約定由配偶之一方管理共同財產者，其財產管理權之約定</td><td colspan="8"></td></tr>
<tr><td rowspan="2">變更登記</td><td>原登記之約定財產制</td><td colspan="2">原登記號數</td><td colspan="3">變更後之財產制</td><td colspan="2">訂立變更年月日</td><td>備註</td></tr>
<tr><td></td><td colspan="2"></td><td colspan="3"></td><td colspan="2"></td><td></td></tr>
<tr><td rowspan="2">廢止登記</td><td>原登記之約定財產制</td><td colspan="2">原登記號數</td><td colspan="4">訂立廢止契約之年月日</td><td colspan="2">備註</td></tr>
<tr><td></td><td colspan="2"></td><td colspan="4"></td><td colspan="2"></td></tr>
</table>

	其他								
附具文件	名稱		件數	名稱		件數	名稱		件數
		分別財產制契約書			特有財產目錄			財產清冊	
		簽名式或印鑑			聲請人身分證明			土地或建物所有權狀影本	
		委任書			法定代理人同意書			土地或建物登記謄本	

中　華　民　國　　年　　月　　日

此　致

臺灣　　地方法院登記處　公鑒

聲請人：

聲請人：　　（　　）簽名蓋章

說明：

一、登記類別欄應載明「訂約」「變更」「廢止」「重為登記」等類別。

二、附具文件欄應於提出之文件名稱上空格內作「v」記號，並載明件數。

三、未載明之空欄及空白務須劃線刪除。

四、當事人為受監護宣告之人者，應由監護人代理為之，如監護人即為受監護宣告之人之配偶，應依民法第 1098 條第 2 項規定，由法院選任特別代理人代理為之。

五、聲請登記委由代理人為之者，應附具委任書。

分別財產制契約書

立分別財產制契約書人〇〇〇、〇〇〇互為配偶關係，今經雙方同意，選擇分別財產制，訂立契約如下：

第壹條：雙方各保有其財產之所有權、各自管理、使用、收益及處分。

第貳條：雙方各自對其債務負清償之責。

配偶之一方以自己財產清償他方之債務時，雖於婚姻關係或司法院釋字第748號解釋施行法第2條關係存續中，亦得請求償還。

第參條：分別財產制契約之登記，對於登記前配偶之一方所負債務之債權人，不生效力，亦不影響依其他法律所為財產權登記之效力。

第肆條：雙方財產如所附目錄所載。

第伍條：本契約經法院登記後，雙方各取得之財產屬各別所有。

訂約人：　　　　　　　　　　　　簽章

身分證號碼：

住　所：

電話號碼：

訂約人：　　　　　　　　　　　　簽章

身分證號碼：

住　所：

電話號碼：

中　華　民　國　　年　　月　　日

財　產　清　冊

聲請人　　　　　蓋章 印

土地標示

土地坐落			地號	面積			權利範圍	所有權人
鄉鎮市區	段	小段		公頃	公畝	平方公尺		

建物標示

建號					權利人所有建物面積（平方公尺）	地面層			
建物門牌	鄉鎮市區					二層			
	路街					三層			
	段巷弄								
	號數								
基地坐落	段								
	小段								
	地號								
主要用途									
建築式樣						騎樓			
平房或樓房及層數						露、花、陽台			
主要建築材料						合計			
權利人所有附屬建物	用途				建築完成日期				
	主要建築材料				權利範圍				
	面積（平方公尺）				所有權人				

（參考來源：司法院官方網站）

更多書狀範本可以上司法院官方網站，點選首頁，進入便民服務，即可找到書狀範例。非常方便。*

* 編者注：大部分書狀皆爲橫書直式，因書籍呈現方式與眞實範本格式略有出入，以官網書狀爲主。

參考書目

- 前言：《先知》紀伯倫（木馬文化）、【全國法規資料庫】官網
  https://law.moj.gov.tw/Index.aspx
- 第一章：《中華民國憲法》
  https://law.moj.gov.tw/LawClass/LawAll.aspx?pcode=A0000001
- 第二章：《中華民國民法》
  https://law.moj.gov.tw/LawClass/LawAll.aspx?pcode=B0000001
- 第三章：《中華民國刑法》
  https://law.moj.gov.tw/LawClass/LawAll.aspx?pcode=C0000001
- 《刑事訴訟法》 https://law.moj.gov.tw/LawClass/LawAll.aspx?PCode=C0010001
- 兒童及少年性剝削防制條例
  https://law.moj.gov.tw/LawClass/LawAll.aspx?pcode=D0050023

- 第四章：《勞動基準法》
  https://law.moj.gov.tw/LawClass/LawAll.aspx?PCode=N0030001
- 勞工申訴專區 https://www.mol.gov.tw/1607/28690/28700/nodelist
- 第五章：《家事法》 https://law.moj.gov.tw/LawClass/LawAll.aspx?pcode=B0010048
- 第六章：《性騷擾防治法》
  https://law.moj.gov.tw/LawClass/LawAll.aspx?PCode=D0050074
- 《性侵害犯罪防治法》 https://law.moj.gov.tw/LawClass/LawAll.aspx?pcode=D0080079
- 《跟蹤騷擾防制法》 https://law.moj.gov.tw/LawClass/LawAll.aspx?pcode=D0080211
- 第七章：《著作權法》 https://law.moj.gov.tw/LawClass/LawAll.aspx?PCode=J0070017
- 《專利法》 https://law.moj.gov.tw/LawClass/LawAll.aspx?pcode=J0070007&kw=%e5%b0%88%e5%88%a9%e6%b3%95
- 經濟部智慧財產局 https://topic.tipo.gov.tw/copyright-tw/mp-301.html
- 結語：https://de.wikipedia.org/wiki/Georg_Jellinek
- 書狀範本：https://www.judicial.gov.tw/tw/lp-1361-1.html

免費諮詢專區

・司法院官網的便民服務專區：https://www.judicial.gov.tw/tw/np-160-1.html

・消費者保護會線上申訴：https://appeal.cpc.ey.gov.tw/WWW/Default.aspx

・租賃住宅諮詢服務內容：

1. 租賃住宅契約檢視服務
2. 租屋法律諮詢租賃相關法令諮詢
3. 租屋糾紛調解及協商

法律諮詢電話：(02) 2365-8140

線上法律諮詢服務網址：

https://rent.tmm.org.tw/Account/Login?ReturnUrl=%2FLegal%2FLegal01\

服務時間：上午9：00-12：00　下午1：00-5：00

(爲配合「租賃住宅市場發展及管理條例」落實，提供簽約前的住宅租賃契約檢視服務，以期降低日後發生糾紛的可能；而針對已發生之糾紛，則由專業律師進行租屋法律諮詢與租屋糾紛協商調解服務。）

- **內政部反詐騙網**：https://165.npa.gov.tw/#/
- **113保護專線**：https://dep.mohw.gov.tw/DOPS/cp-1183-6499-105.html

保護專線是一支24小時全年無休的服務專線，如果您或家人、朋友遭受家庭暴力、性侵害或性騷擾的困擾，或是您知道有兒童、少年、老人或身心障礙者受到身心虐待、疏忽或其他嚴重傷害其身心發展的行爲，您都可以主動撥113，並儘可能提供相關「人、事、時、地、物」資訊，清楚地提供被害人所在地理位置、相關身分資訊，以及詳細舉報內容，例如：被害人目前意識狀態、事件發生的原因、時間、頻率等，與線上社工員進行討論，讓政府公權力及時提供您保護及協助。

【服務對象】全國民眾
【服務時間】24小時全年無休
【服務方式】市話、公共電話或手機皆可撥打之24小時免付費專線
【網路對談】113線上諮詢

【服務內容】由專業社工人員於線上受理全國家庭暴力、老人保護、身心障礙者保護、兒童少年保護及性侵害、性騷擾事件通報或求助諮詢

【特殊服務】除國語及閩南語外，提供英語、越南語、印尼語、泰國語、柬埔寨語、日語等六種語言的通譯服務

（資料來源：衛生福利部保護服務司）

・**勞工申訴專區**：https://www.mol.gov.tw/1607/28690/28700/nodelist

・**警政署110報案系統**

如果您要報案或有下列情事需要我們服務、處理，請打「110」或電洽您居住（所在）地警察局勤務指揮中心，我們將竭誠爲您提供服務：

（一）您有急難需要協助、救助。

（二）您發現有可疑或影響治安、交通情事。

（三）其他需要警察處理情事。

相關組織

・婦女救援基金會

https://www.twrf.org.tw/

婦女救援基金會的數位性暴力求助專線：02-25558595

匿名求助網站：https://advocacy3.wixsite.com/twrf-antirevengeporn

Lohas 004

原來法律跟我想的不同：
給現代女性的第一本法律書

作　　者：李柏洋、蔡欣育
裝幀設計：劉孟忠
專案主編：蔡欣育
校　　稿：李映青、林芝
專案統籌：黃禹舜
業務主任：楊善婷

發 行 人：賀郁文

出版發行：重版文化整合事業股份有限公司
臉書專頁：www.facebook.com/readdpublishing
連絡信箱：service@readdpublishing.com
總 經 銷：聯合發行股份有限公司
地　　址：新北市新店區寶橋路 235 巷 6 弄 6 號 2 樓
電　　話：(02)2917-8022　傳　真：(02)2915-6275

法律顧問：李柏洋
印　　製：中茂分色製版印刷事業股份有限公司
裝　　訂：同一裝訂股份有限公司

一版一刷：2023 年 08 月
定　　價：新台幣 450 元

國家圖書館出版品預行編目資料

原來法律跟我想的不同：給現代女性的第一本法律專書 / 李柏洋，蔡欣育作 . -- 一版 . -- [臺北市] : 重版文化整合事業股份有限公司 , 2023.08
304 面 ; 148x210 公分 . -- (Lohas ; 4)
ISBN 978-626-96846-9-4(平裝)
1.CST: 法律教育

580.3　　112011083